積極的な投資ができる

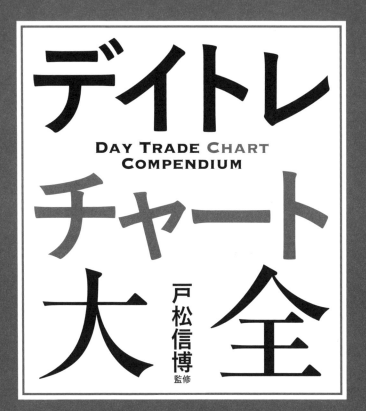

デイトレ

DAY TRADE CHART
COMPENDIUM

チャート

大全

戸松信博
監修

ⓘ池田書店

短期売買でカギを握る株価チャート

　デイトレードというと、「1日中、片時もパソコンから離れずに複数の
モニタに映る株価チャートを確認して売買する人」というイメージをもつ
人が多いのではないでしょうか。

　デイトレードとは、1日のうちに株を買って、そして売って、利益を得
るトレードのことです。どの銘柄を買うのか、いつ買うのか、いつ売るの
か——。この3つを1日のうちに決断するわけですから、傍目から見れば
せわしなく見えることでしょう。そうしたイメージから、何か専門的で難
しいことをしていると思われがちです。

　年単位で株を売買するような長期トレードに比べれば、短時間での決断
を必要とする状況が多いので、その点では「難しい」ともいえるでしょう。
しかし、長期トレードと同様に、デイトレードにおいても**決断のポイント
は、株価チャートのパターン**にあります。

【ソフトバンクグループ（9984）】

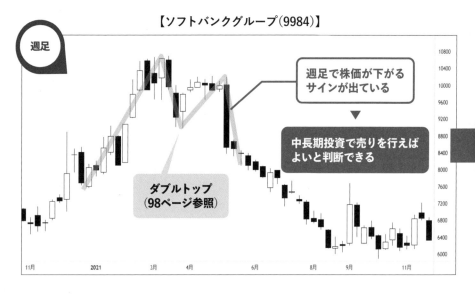

週足

週足で株価が下がる
サインが出ている

▼

中長期投資で売りを行えば
よいと判断できる

ダブルトップ
（98ページ参照）

株価チャートは「値ごろ感」を掴む

株価チャートとは、過去の株価の推移をグラフで表したものです。**株価チャートを見ることによって、現在の株価の水準が過去と比べて高いのか、安いのか、「値ごろ感」を掴む**ことができます。この点は、株を短期で売買したとしても、長期で売買したとしても変わりません。

変わるとすれば、「時間軸」が違う点です。数時間前、数日前からの株価の動きを見るのか、1カ月、半年、1年前からの株価の動きを見るのか。この時間軸の違いです。それでも難しそうだと感じる人は、「株価チャートを見るのが難しい」と思っているからではないでしょうか。

そう思ってデイトレードにしり込みするのは、もったいないことです。株価チャートは、株式投資において売買を判断するためのツールであり、**投資家全員に与えられた「武器」**です。株価チャートの見方、使い方がわかれば、デイトレードも難しいものではありません。

【吉野家HD（9861）】

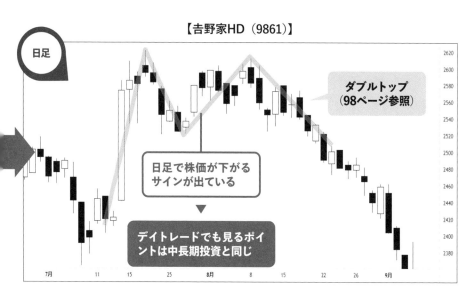

短期売買で使えるチャートパターンを厳選

　本書は、株価チャートを一から紐解き、どこを見るのか、どこで売買を判断するのか、実際の株価チャートをもとに解説していきます。

　相場にはパターン、言い換えれば一定のクセのようなものがあり、短期売買特有のパターンも多くあります。そのため、短期売買に必要な株価チャートを厳選して掲載しました。短期売買には、１日のうちに売買を終わらせるデイトレード、数日から数週間単位で売買するスイングトレード、数秒・数分単位で売買するスキャルピングがあります。

　ただし、重ね重ねですが、売買する時間軸が異なるだけですから、デイトレードで使えるパターンがスイングトレードでも使えたり、その逆もしかりです。共通して使えるパターンも多いため、短期売買する人は、ぜひひと通り読んでみてください。

【本田技研工業（7267）】

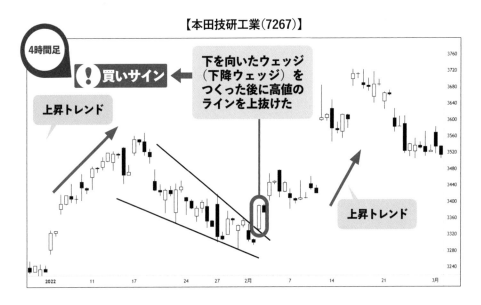

本書を効果的に使うために

　本書では、短期売買の３つのトレード方法ごとに、チャートパターンを豊富に用意し、値動きの特徴について解説していきます。

　短時間での決断を迫られる短期売買において、状況ごとの有効なパターンを探すのは難しいという方は、下の図を参考にパターンを見つけてみましょう。

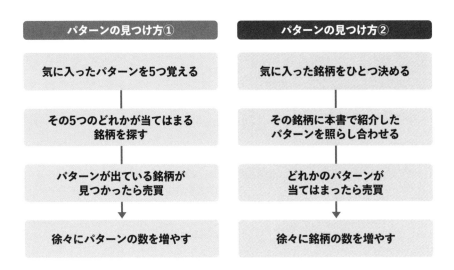

パターンの見つけ方①	パターンの見つけ方②
気に入ったパターンを5つ覚える	気に入った銘柄をひとつ決める
その5つのどれかが当てはまる銘柄を探す	その銘柄に本書で紹介したパターンを照らし合わせる
パターンが出ている銘柄が見つかったら売買	どれかのパターンが当てはまったら売買
徐々にパターンの数を増やす	徐々に銘柄の数を増やす

　また、短期間である分、**プレッシャーも強まりますが、その際のメンタルの持ち方、投資に対するスタンスの取り方**も巻末にまとめています。慌ててしまい、パターンを見誤ってしまっては元も子もありません。平常心で相場に臨めるよう、ぜひ参考にしてください。

　本書を活用して、相場の状況ごとに適切に売買を判断し、株式投資で成果を上げることができれば、うれしく思います。

戸松信博

各ページの見方

投資タイプ

紹介するパターンが「買い（ロング）」か「売り（ショート）」、「順張り」か「逆張り」、取り上げるテクニカル指標が「トレンド」か「オシレーター」など、どの場面でどう分析するかを示しています。

キーワード

そのセクションで解説するパターンや事柄を「酒田五法」や「移動平均線」「グランビル」などのようにジャンル分けしています。

勝ちにつながるテーマ

株価チャートの基本や相場でよく見られるパターン、よく使われる指標を網羅しています。

解説

デイトレードに必要なチャートの基礎的な情報や、チャートのなかでパターンがどういう状況で発生するかを解説しています。また、パターンから何が読み取れるかなども解説しています。

| グランビル | | ロング | 順張り | トレンド |

グランビルの法則
買いパターン①

グランビルの法則は、移動平均線を使った売買サインのこと。買いと売りでそれぞれ4パターン、合計8つの売買パターンで構成されています。

底値を狙って買うための戦略

　移動平均線をより実践的に使いこなすために知っておきたいのが「グランビルの法則」です。移動平均線の生みの親であるジョセフ・グランビルが考案した分析方法で、移動平均線の「向き」と「ローソク足との位置」を基準に、トレードするのに最適なタイミングを見極める方法です。買いパターンと売りパターンがそれぞれ4つありますが、ここではまず買いのパターン①を解説します。

　グランビルの法則買いパターン①は、**下降トレンドから上昇トレンドへ転換する際の勢いを利用して利益を狙う戦略**です。下降トレンドが続くと、移動平均線は下向きかつ、ローソク足が線の下側で推移しますが、売りの勢いが弱まると、ローソク足が徐々に移動平均線に近づきます。そして、**ローソク足が横向き、もしくは上向きになった移動平均線を上抜ければ株価が底打ちし、上昇トレンドへと転換していくのです。**

100%当たらないためこまめな利確が必要

　とはいえ、パターン通りに値上がりしても、高値をつけた後に調整※するケースもあります。そのため、特にデイトレードでは**値幅が取れたら利確し、トレンドが継続しそうなら改めて入り直すなど短いスパンを意識する**とよいでしょう。

用語解説	
※調整	相場の動きが短期的に反対の動きをすること。例えば、上昇トレンドが発生しているとき、短期的に下落する状態が調整となる。

56

さらに踏み込んだ情報

プラスα………本文の解説を補足する情報や、知っておくべき情報を紹介。
身につける！…売買における格言や、相場に臨むうえでの心構えを紹介。
実践！…………「買いサイン」の見方など、実際の売買に役立つアドバイス。
用語解説………デイトレードを行ううえで知っておくべき単語を解説。

紹介するパターン

パターンを100種、紹介して
います。一覧は12ページ。

売買サイン

!買いサイン

紹介するパターンのどこが
「買い」の判断基準になるか
を示しています。

!売りサイン

紹介するパターンのどこが
「売り」の判断基準になるか
を示しています。

パターン5　グランビルの法則の買いパターン①

【KDDI（9433）】

下降トレンドの途中でローソク足
が移動平均線を上抜けた　➡ ！買いサイン

1時間足
JPY
4520
4500
4480
4460
4440
4420
4400
4380
4360
4340
4320
4300

下降トレンド

上昇トレンド

20移動平均線

下降トレンドが
終われば
まとめて買いたいな

グランビルの法則が
現れたから
ここが底値だ！

プロのアドバイス
本当に上昇トレンドに転じるかを確認するため、ローソク
足2、3本分は様子を見ておきましょう

第3章　デイトレードで勝てるチャートパターン

57

パターン解説

実際のチャートを用いてパ
ターンを示し、発生する状
況や注目するポイントを解
説しています。

投資家心理

チャートから読み取れる投
資家心理をイラストを用い
て示しています。

プロのアドバイス

パターンを使ううえで特に注目すべきポ
イントを投資のプロの視点で解説してい
ます。注意すべき点も紹介しているので、
よく読んで活用しましょう。

CONTENTS

第4章 スイングトレードで勝てるチャートパターン

第5章 スキャルピングで勝てるチャートパターン

第6章 デイトレードで注目するべき 株価指数と銘柄の探し方

第 1 章

トレードの基本

トレードスタイルと
トレードのシステム

トレードは、「デイトレード」「スイングトレード」「スキャルピング」の3種類に分かれます。トレードスタイルの違いや、トレードをするうえで知っておくべきシステムを紹介します。

Keywords

● **トレードスタイル**

● **時間**

● **株価**

● **注文板**

● **注文方法**

デイトレードでは
どうやって儲ける？

デイトレードでは、中長期投資に比べて小さな値幅で利益を狙います。十数円
～数十円ほどの株価の変化も見逃せないケースがあります。

直近の材料だけで判断する

　一口に株式投資といっても、銘柄の保有期間によって投資戦略は異なります。数週間から十数年ほど銘柄を保有する「中長期投資」では、主に将来的に業績が伸びる企業がどれかを予測して投資を行います。

　一方デイトレードでは、**仮に10年後に倒産する会社であっても、数秒後、数十分後、あるいは数時間後に値上がりすると判断できれば迷わず投資します**。あくまでその時点でのチャートや材料が判断基準です。

どのくらいの「値幅」を狙うか考える

　こうした短期的な投資を行う際は、まず「どのくらいの値幅を狙うか」を決めましょう。例えば、1日で2万6665円から2万6935円に値上がりした銘柄があったとします。270円の値幅ですが、**購入する株数を増やし、売買回数を増やすことで十分に利益を得ることができます。**

　しかし、これが「1カ月かけて270円値上がりする銘柄」であれば話は変わります。株を買って保有している間、資金が手元にない状態となるからです。その間、500円、600円値上がりする可能性のある銘柄へ投資ができないため、資金効率が悪くなります。銘柄ごとにボラティリティ（値動きの幅）が違うため画一的な基準はありませんが、株価チャートから過去の値動きを把握し、どれだけの値幅を狙えるか検討しましょう。

実践！　値動きが大きな銘柄を見つけるには、ATR（アベレージ・トゥルー・レンジ）という変動率を表すテクニカル指標を活用するとよい。

売買する株数を増やして利益を得る

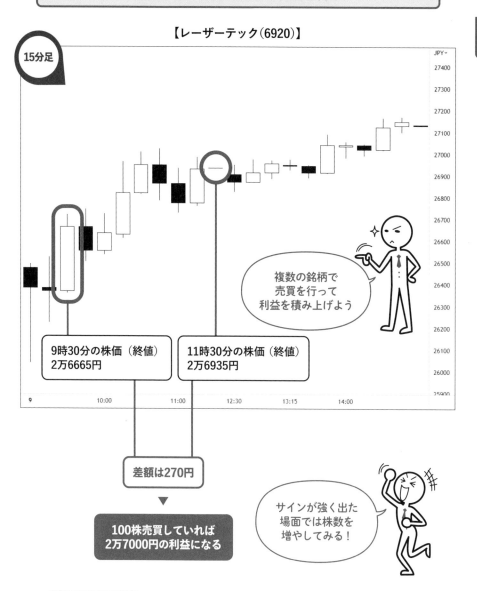

【レーザーテック(6920)】

15分足

9時30分の株価(終値)
2万6665円

11時30分の株価(終値)
2万6935円

複数の銘柄で
売買を行って
利益を積み上げよう

差額は270円

▼

100株売買していれば
2万7000円の利益になる

サインが強く出た
場面では株数を
増やしてみる!

プロのアドバイス

基本的に株式は100株から売買できます。サインの強弱や
元手の資金に合わせて、株数を調整していきましょう

知っておきたい
デイトレードの特徴

デイトレードは、1日で決済を終えるトレードのこと。急激な株価変動リスクを
回避しつつ、少額からコツコツと利益を得やすいスタイルです。

オーバーナイトリスクを回避できる

　短期投資（短期売買）のうち、1日で決済を終えるトレードを「デイト
レード」と呼びます。翌日に持ち越さず、その日のうちに取引が完結する
ため、**急激な相場の変化の影響を回避できる点がメリットです**。

　業績やプレスリリースといった企業情報は、株式の立会時間が終わった
後に発表されます。発表した内容が好材料と判断されれば、翌日に株価が
大きく上がります。一方、悪材料が出ると株価が急激に下落する恐れがあ
り、これをオーバーナイトリスク（持ち越しリスク）と呼びます。こうし
たケースでは、翌日の始値から急激に下落することが多いです。

少額からでも開始できる

　短いスパンで売買することになるため、少額からでも始めやすい点もメ
リットです。例えば、30万円の投資資金をすべて使って、1株3000円の
銘柄を100株購入したとします。1時間後に株価が100円上昇していたの
で決済すると、手元には31万円の資金が戻ってきます。

　投資資金が少額であれば、こうした取引を繰り返していき、利益を増や
すことになります。**次第に投資資金が増えるにつれ、1回の取引で得られ
る利益額が大きくなり、より利益を得やすくなります**。

実践！ デイトレードでは差金決済に注意。同じ自己資金で同一銘柄を同日に、
買ってから売るまではできるが、もう一度その銘柄を買うことはできない。

デイトレードではオーバーナイトリスクを避けられる

【花王（4452）】

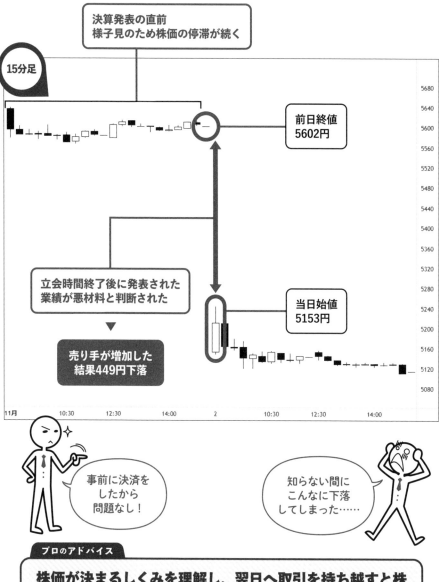

決算発表の直前
様子見のため株価の停滞が続く

15分足

前日終値
5602円

立会時間終了後に発表された
業績が悪材料と判断された

売り手が増加した
結果449円下落

当日始値
5153円

事前に決済を
したから
問題なし！

知らない間に
こんなに下落
してしまった……

プロのアドバイス

株価が決まるしくみを理解し、翌日へ取引を持ち越すと株価が急変するリスクがある点を押さえておきましょう

知っておきたい
スイングトレードの特徴

スイングトレードでは、デイトレードよりも長い期間をかけて売買します。特に、大きなトレンドが発生したときに適したスタイルです。

数日〜数週間で決済する

スイングトレードとは、数日〜数週間で決済するトレードスタイルのことです。明確なトレンドを形成している銘柄を売買する際に有効です。トレンドとは、株価の大局的な動きのことで、上昇傾向にあれば上昇トレンド、下降傾向にあれば下降トレンドを形成していることになります。

上昇トレンドを形成している銘柄であれば、**一定期間、株価が上昇し続けると期待できるため、デイトレードより大きな利益を狙えます。**トレンドは一度できると長続きする傾向があるためです。

途中で投資スタイルを切り替えないことが理想

注意点は、**途中で長期投資に切り替えることなく、必ず自分が設定した期間内に決済を行うことです。**

想定していたより大きなトレンドができたからといって、利益を欲張り、決済のポイントをむやみに変更してしまうと、決済タイミングを逃しやすくなります。必ず、最初に決済の金額を決めておき、それを遵守するとよいでしょう。また、日をまたぐからといって、買った後に放ったらかしにしてもよい、というわけではありません。数日後に新しい材料が出て、相場が一変するという状況は起こり得ます。スイングトレードにおいても、最低でも1日1回はチャートを確認する必要があります。

プラスα　スイングトレードでは、デイトレードに比べてチャートの監視頻度が下がるため、会社勤めのトレーダーでも比較的行いやすいといえる。

スイングトレードではトレンドに乗って利益を狙う

【ソニーグループ(6758)】

赤三兵(162ページ)が出現し、株価の上昇が予想される ▶ この時点では7100円

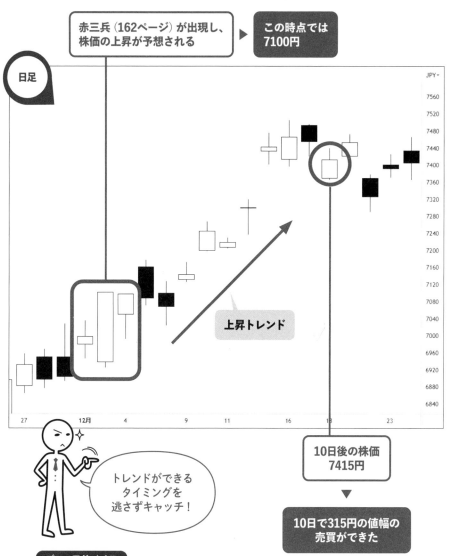

日足

JPY∨

上昇トレンド

10日後の株価
7415円

▼

10日で315円の値幅の
売買ができた

トレンドができる
タイミングを
逃さずキャッチ!

プロのアドバイス

利益確定のポイントを何度も変更するのではなく、事前に決めておくことが重要です

知っておきたい
スキャルピングの特徴

スキャルピングは、短時間で決済を済ませるスタイルです。売買のサインを素早く見つけ、場面に応じて的確な判断を行っていく必要があります。

即エントリー・即決済の決断が重要

　スキャルピングとは、数秒〜数分という短い時間でエントリーから決済までを済ませるトレード手法です。これほどの短期間では、デイトレードやスイングトレードに比べて得られる利益が小さいため、売買する回数や株数を増やすことで利益を増やしていきます。

　素早い判断によって、「買いだ」と思った瞬間にエントリーをし、**「利益が出た」と考えた瞬間に決済する、迅速さが不可欠です。**また、購入株数や金額の入力ミスによる誤注文が起きやすいため、希望する注文内容であるかを確認してから注文を出す必要があります。

売買のチャンスが広がる

　デイトレードやスイングトレードでは、数十円〜数百円の値幅を狙うことになります。しかし、スキャルピングはより素早く、小さな値幅を狙うトレードスタイルです。

　言い換えると、**デイトレードやスイングトレードではスルーしてしまうような銘柄や状況でもトレードのチャンスがあるということです。**例えば、株価が500円未満の銘柄で100円の値幅を狙うのはとても難しいですが、スキャルピングでは、こうした銘柄もトレードの対象になります。小さなチャンスを狙い、小さな利益を積み重ねていくのです。

プラスα　株式の売買には手数料がかかるため、信用取引の口座や手数料が定額になるプランなどを活用することが重要（120ページ参照）。

スキャルピングでは細かい利益を積み重ねていく

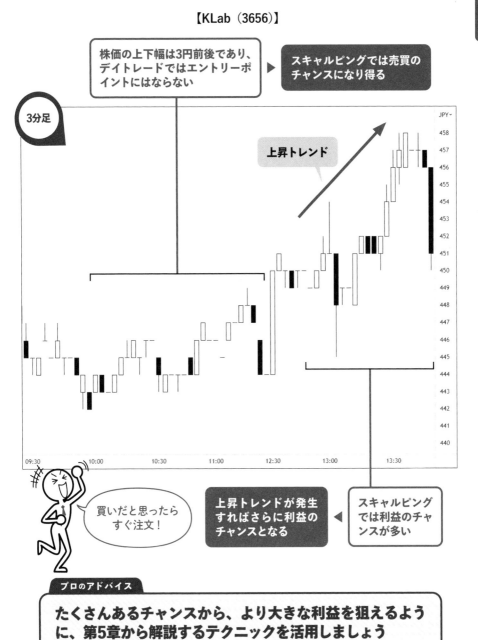

【KLab（3656）】

株価の上下幅は3円前後であり、デイトレードではエントリーポイントにはならない

スキャルピングでは売買のチャンスになり得る

3分足

上昇トレンド

買いだと思ったらすぐ注文！

上昇トレンドが発生すればさらに利益のチャンスとなる

スキャルピングでは利益のチャンスが多い

プロのアドバイス

たくさんあるチャンスから、より大きな利益を狙えるように、第5章から解説するテクニックを活用しましょう

デイトレードでは立会時間を意識する

証券取引所を介して株式を売買できる時間（立会時間）には限りがあります。立会時間の終了を意識しつつ、利益確定のタイミングを定めましょう。

いつまでに取引を終えるかを意識する

デイトレードやスキャルピングを行う際は、立会時間を意識しましょう。**立会時間とは、証券取引所で売買取引を行える時間帯のことです。**

立会時間は、午前の前場（ぜんば）、午後の後場（ごば）で分かれています。前場は、9時〜11時30分まで。後場は、12時30分〜15時までです。また、その日の取引所で最初に成立した取引を寄付（よりつき）、後場の最終売買を大引け（おおびけ）と呼びます。土日祝日や年末年始は市場が閉まっており、取引できません。

一部証券会社では立会時間外でも取引できる

一部の証券会社では、自社の私設取引システムを使って立会時間外も株式の売買を行うことができます。このシステムは、Proprietary Trading System（独自の取引システム）を省略してPTS取引と呼ばれます。取引時間は証券会社によって異なりますが、ナイトタイム・セッションでは早くて16時30分から開始され、遅くて23時59分まで行われます。

デメリットは、証券取引所での売買に比べて市場参加者が少ないため、好きなタイミングで約定しづらい点です。初心者であれば、頻繁にPTS取引を使うのではなく、よほどの好材料が出たときに留めておくとよいでしょう。

プラスα　ネット証券では原則24時間注文を出すことができる（証券会社によって差異がある）が、実際に取引されるのは平日の朝9時からとなる。

株式投資の立会時間

東京証券取引所(東証)の場合 ※東証以外の証券取引所は15時30分まで

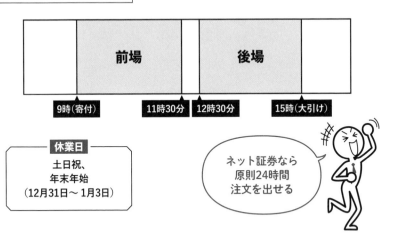

| 前場 | 後場 |

9時(寄付)　11時30分　12時30分　15時(大引け)

―休業日―
土日祝、
年末年始
(12月31日～1月3日)

ネット証券なら
原則24時間
注文を出せる

PTSの取引時間

SBI証券の場合

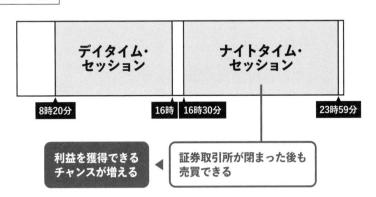

| デイタイム・セッション | ナイトタイム・セッション |

8時20分　　16時　16時30分　　23時59分

利益を獲得できる
チャンスが増える　◀　証券取引所が閉まった後も
売買できる

プロのアドバイス

PTS取引は、SBI証券や松井証券、楽天証券などで利用することができます

前日の終値と翌日の始値が一致するとは限らない

株価は前日の影響を受けることが多いものの、前日の終値と翌日の始値は完全に一致するわけではありません。その理由は株価が決まるしくみにあります。

株価は売り手と買い手のバランスで決まる

その日最初に取引された価格を始値（はじめね）、その日の終わりに取引された価格を終値（おわりね）と呼びます。単純に「前日の終値がそのまま翌日の始値になる」と考えたくなりますが、実は**終値と始値の間に大きな価格差が生じる場合があります。**

株式の売買は、売りたい人と買いたい人の希望価格が一致してはじめて取引が成立します。例えば、A社の株式を売買したい人が4人いて、それぞれ「1200円で売る」「1000円で売る」「1000円で買う」「900円で買う」と注文を出したとします。この場合、売り手と買い手で1000円という金額が一致したため、2人の間で取引が成立し、その時点でのA社の株式の売買価格（＝株価）が1000円になるのです。

材料が出ると翌日の始値が急変しやすい

特に、企業の決算が好調だった際は「高い価格でも買いたい人」や「より高い価格で売りたい人」が増加します。**前日終値が1000円だったとしても、午前9時になった時点での売り手と買い手の希望価格が1200円で一致すれば、その日の始値は1200円になります**（実際には午前9時で約定するのではなく、特別気配値※が切り上がっていて最終的に約定する形です）。

用語解説

※特別気配値 　　直前の株価から一定の値幅を超えた注文は即時約定できない。その値幅を超えた注文が入ったとき仮に付けられる値段のこと。

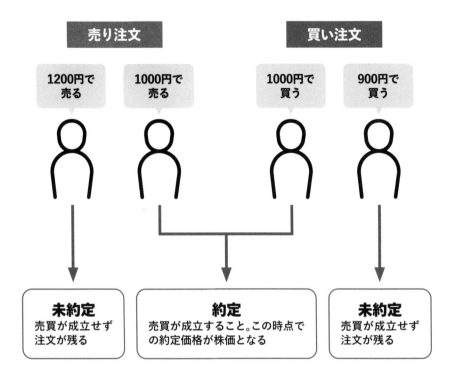

株価が決まるしくみ

売り注文

1200円で売る

1000円で売る

買い注文

1000円で買う

900円で買う

未約定
売買が成立せず注文が残る

約定
売買が成立すること。この時点での約定価格が株価となる

未約定
売買が成立せず注文が残る

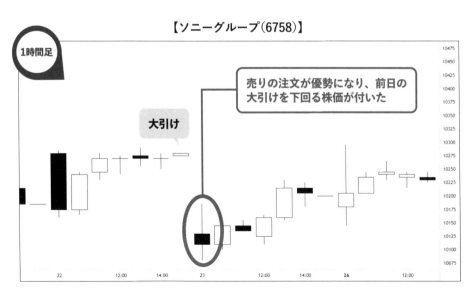

【ソニーグループ（6758）】

1時間足

売りの注文が優勢になり、前日の大引けを下回る株価が付いた

大引け

注文板から売り手と買い手の勢いを把握する

注文板とは、値段ごとにどれだけ売買注文が出ているかを示す表のことです。チャートに加えて注文板にも注目することで勝ちやすくなります。

注文板を構成する3つの要素

注文板（板）とは、**株を売りたい人と買いたい人の情報をまとめた表のことです**。表の中央に「値段（気配値）」、値段より左には「売数量（売り板）」、右には「買数量（買い板）」が書かれます。

右図の注文板を見てみましょう。表の中央には、1万1480円〜1万1380円までの気配値が書かれていますが、そのうち1万1435円の左隣には「100」という売数量が書かれています。これは、「1万1435円でこの銘柄を売りたいという注文が100株分出ている」状態を表します。

もしも1万1435円で買うという注文が100株分出ると、売り手と買い手の注文が一致して取引が成立します。

成行注文では出ている注文が自動的に約定される

値段を指定する注文方法には「指値注文※」「逆指値注文※」がありますが、ほかにも、値段を指定しない「成行（なりゆき）注文」という方法もあります。成行注文を出せば、注文板にある値段から順番に売買が成立していきます。例えば、**右図の注文板のときに900株分の成行買いを出せば、1万1435円で100株分、1万1440円で800株分購入することになります**。注文板の基本的な読み方は以上です。注文板は、銘柄ごとの需要と供給を示す重要な情報のため、必ず確認しておきましょう。

用語解説

※指値注文・逆指値注文 事前に価格を指定する注文。指値注文は「指定価格以下で買いたい」「指定の価格以上で売りたい」場合に使う。逆指値注文はその反対（28ページ参照）。

注文板の構成

【ソニーグループ（6758）】

売数量（売り板）
株を売りたい人の株数。値段（気配値）ごとに表示される

値段（気配値）
株を買いたい人や売りたい人が売買を希望する値段のこと

買数量（買い板）
株を買いたい人の株数。値段（気配値）ごとに表示される

売数量	値段	買数量
	成行	
696,800	OVER	
17,900	11,480	
23,200	11,475	
16,500	11,470	
20,100	11,465	
11,300	11,460	
18,500	11,455	
21,800	11,450	
16,800	11,445	
800	11,440	
100	11,435	
	11,425	10,200
	11,420	3,600
	11,415	19,500
	11,410	21,800
	11,405	24,600
	11,400	24,300
	11,395	21,200
	11,390	26,100
	11,385	20,300
	11,380	24,500
	UNDER	364,400

出所：楽天証券

1万1435円の売注文が100株分出ていることを表す

未約定の注文が値段（気配値）ごとに表示されている

プロのアドバイス

厚い板（注文数が多い注文板）は売買が活発で、薄い板（注文数が少ない注文板）は動きの少ない状態です

トレードで活用したい
逆指値注文・OCO注文

注文方法には多くの種類があります。例えば、損切りに活用できる逆指値注文、株価が上下どちらに動いても有利な価格で注文できるOCO注文です。

損切りに使える逆指値注文

　株式の注文方法で最もスタンダードなのは、値段を指定せず、銘柄と株数だけを指定する「成行注文（26ページ参照）」です。その時点で買える（または売れる）株価で取引することになります。反対に、金額を指定する注文方法は「指値（さしね）注文」と呼ばれます。株価が100円のとき「97円まで下がれば買い」「103円まで上がれば売り」など、トレーダーに有利な条件で自動的に売買できます。こうしたスタンダードな注文方法のほかにも、トレードで活用したい便利な注文方法が多くあります。

　そのひとつが逆指値注文です。これは指値注文の反対、つまり「**株価が高くなれば自動で買い**」「**株価が安くなれば自動で売り**」**という注文**です。含み損が出たときに、自動で損切り※するためによく活用されます。

2種類の注文を出せるOCO注文

　OCO（One Cancels the Other）注文とは、一度に2つの注文を出し、片方が成立すると片方が自動的にキャンセルされる注文方法です。例えば、株価が100円のときにOCO注文を使って「103円まで上がれば売り」「97円まで下がれば買い」という2つの注文を同時に出したとします。**株価が103円まで上がれば売り注文が自動で発動し、他方の買い注文はキャンセルされます**。新規注文だけでなく、保有中の銘柄の決済にも使えます。

用語解説

※損切り　　　　　含み損を抱えているとき、損失が広がる前に決済を行い、損失額を最小限に抑えること。

損切りに使える逆指値注文

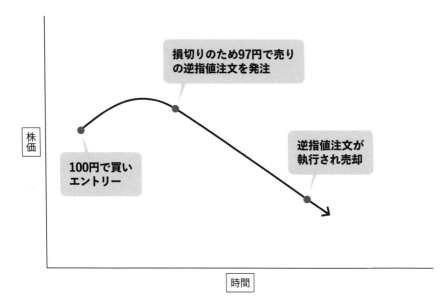

株価

損切りのため97円で売りの逆指値注文を発注

100円で買いエントリー

逆指値注文が執行され売却

時間

2つの注文を同時に出せるOCO注文

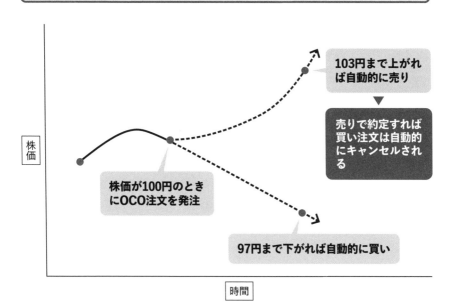

株価

103円まで上がれば自動的に売り

売りで約定すれば買い注文は自動的にキャンセルされる

株価が100円のときにOCO注文を発注

97円まで下がれば自動的に買い

時間

トレードで活用したい
IFD注文・IFDOCO注文

IFD注文やIFDOCO注文は、常に相場を確認できないタイミングでも自動で新規エントリーから決済までを済ませてくれる注文方法です。

エントリーから決済までを自動で行えるIFD注文

IFD（イフダン）注文は、**新規注文とその決済注文を自動で行える方法です**。例えば、株価が100円のときに「97円まで下がったら自動で買い、その後102円まで上がれば自動で売り（利確）」という注文を出せます。もちろん、「102円まで上がったら自動で売り、97円まで下がれば自動で買い（利確）」という、空売りの注文を出すことも可能です。

さらに、この注文方法は損切りにも使えます。例えば、「97円まで株価が下がったら自動で買い、さらに95円まで下がったら売り（損切り）」といった具合です。

IFD注文とOCO注文を合体させたIFDOCO注文

IFDOCO注文は、名前の通り、IFD注文とOCO注文の２つの特徴をかけ合わせた注文方法です。

例えば、株価が100円のときに「97円まで下がったら自動で買い。エントリー後に102円まで上がれば自動で売り（利確）、エントリー後に95円まで下がれば売り（損切り）」という注文を出せます。**新規のエントリー注文を出した後、利確と損切りどちらも行える点が特徴です**。

これらの注文方法を活用することで、相場を常に確認できない場面でも、（株価が予想通りに動けば）自動で取引を完結させることができます。

> **身につける！** デイトレードといっても、常にチャートを確認してトレードする必要はない。相場の予測に慣れたら、こうした注文を活用したい。

新規エントリーから決済までできるIFD注文

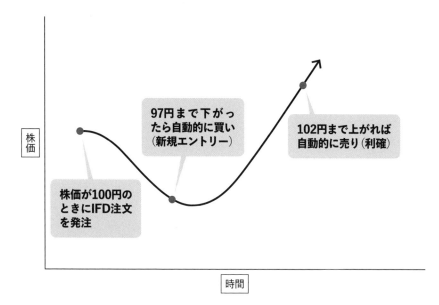

新規エントリーから利確・損切りまでできるIFDOCO注文

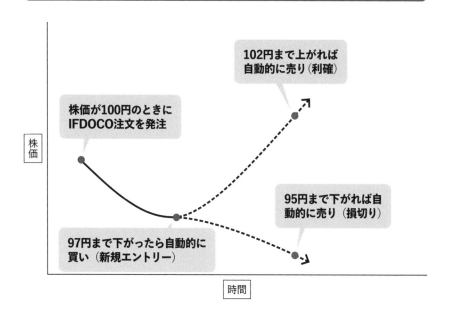

証券会社からお金や株式を借りることができる

　株式投資では、株式そのものを購入する「現物取引」がポピュラーですが、デイトレードの場合は信用取引も活用すると取引の幅が大きく広がります。

　信用取引とは、保有している株式や現金を証券会社に預け、それを担保に証券会社からお金や株式を借りて売買を行う取引のことです。

　信用取引には現物にはない特徴があり、信用取引をトレードに取り入れると、下記のようなメリットがあります。

①空売り
借りた株を売って、株価が下がったときに買い戻すことで差額を利益にする「空売り」ができる。これを活用することで、相場の下落時も利益を狙える

②レバレッジ
証券会社に預け入れた資金の最大3.3倍までお金や株式を借りることができ、これをレバレッジ(テコ)と呼ぶ。少ない資金でトレードができる

③同一銘柄の売買
現金でトレードする場合、1日のうちに同一銘柄を同じ資金で繰り返し売買できない(差金決済、16ページ参照)が、信用取引ではこの制約がないため1日で同じ銘柄を何度も売買できる

　現物取引と違い、すべての銘柄が取引できるわけではありませんし、信用取引のみに適用される手数料なども発生しますが、1日のなかで複数回取引を行うことが多いデイトレードでは必須のしくみです。

　リスクとうまく付き合いつつ、信用取引を活用し資金効率を高め、上昇・下降どちらの局面でも対応できるようにしておけば利益を出せる可能性を広げられます。

第2章

チャートを構成する要素とチャートの読み方

株価チャートは、過去の株価の推移をまとめたグラフです。ローソク足の色や形状、時間軸の変更などから多くの情報を得られます。本章では基本的なチャートの読み方を解説します。

Keywords

● 構成要素

● ローソク足

● 時間軸

● 株価

チャートを構成する基本要素

株価チャートはローソク足、移動平均線、出来高の3つの要素から成り立ち、過去の株価推移から現在の株価が割高か割安かを判断するのに有用です。

縦軸は価格、横軸は時間

株価チャートとは、「現在の価格も含めて、株価が過去にどのような動きをしてきたか」をグラフとして表したものです。株価チャートを見れば銘柄ごとに、「いつ、どんな価格だったか」を知ることができるため、**現在の株価は過去と比較して割高か、割安か**」「**株価は現在、上昇トレンドにあるのか、下降トレンドにあるのか**」などが視覚的にわかります。

「ローソク足」「移動平均線」「出来高」で構成される

株価チャートの3つの要素は「ローソク足」「移動平均線」「出来高」です。**株価の推移を表すのがローソク足**です。日本ではローソク足がよく用いられますが、折れ線で表示するラインチャート、欧米などでよく使われるバーチャート※といった種類もあります。

そして、そのローソク足の**トレンドが上昇しているのか下落しているのか横ばいなのかを示すのが移動平均線**です。

最後にローソク足の下に配置された棒グラフの「**出来高**」で、**当該のローソク足でどのくらいの株数が約定したのか**を示します。

基本的にはこの3つの要素からトレンドの有無や株価の割高さや割安さ、相場のエネルギーを判断し今後の投資判断の参考にしていくわけです。

用語解説

※バーチャート　高値と安値を示した棒足の左側に始値、右側に終値を表す横線を表示したもの。高値、安値、終値の3つのみを表示する場合もある。

チャートを構成する4つの基本要素

【くら寿司(2695)】

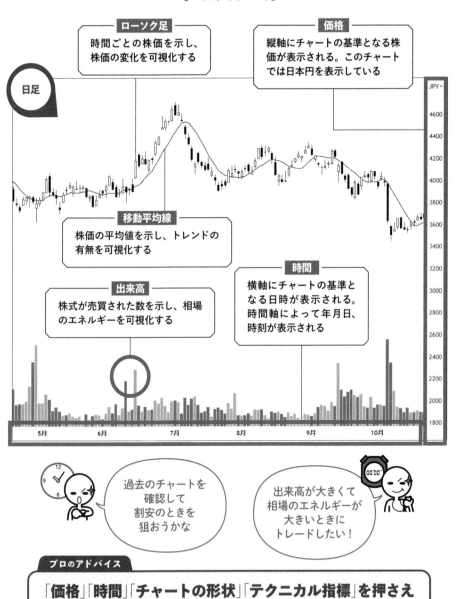

ローソク足
時間ごとの株価を示し、株価の変化を可視化する

価格
縦軸にチャートの基準となる株価が表示される。このチャートでは日本円を表示している

日足

移動平均線
株価の平均値を示し、トレンドの有無を可視化する

出来高
株式が売買された数を示し、相場のエネルギーを可視化する

時間
横軸にチャートの基準となる日時が表示される。時間軸によって年月日、時刻が表示される

過去のチャートを確認して割安のときを狙おうかな

出来高が大きくて相場のエネルギーが大きいときにトレードしたい!

プロのアドバイス

「価格」「時間」「チャートの形状」「テクニカル指標」を押さえて必要な情報を集めましょう

ローソク足の色や形状から相場を掴む

ローソク足は、価格の推移を詳細に把握できるツールです。ローソク足だけを表示したチャートからでも、相場を把握できます。

株価によってローソク足の色が変化する

　株価の推移を分析してデイトレードに勝つために、ローソク足の基本的なしくみについて紹介します。

　ローソク足は、1本で「始値」「終値」「高値」「安値」という4つの価格を表します。日足（38ページ参照）の場合、**「始値」はその日最初に付いた価格、「終値」はその日最後に付いた価格、「高値」は最も高い価格、「安値」は最も安い価格です。**

　また、その日の始値より終値のほうが高ければ「陽線」と呼ばれる白いローソク足で描かれ、株価が上昇傾向にあることを示します。反対に、始値よりも終値が低ければ「陰線」と呼ばれる黒いローソク足で描かれ、株価が下落傾向にあることを示します。

ローソク足の形状から値動きの傾向を検討する

　色のほかに、ローソク足の形状（4つの価格の位置）からも株価の傾向が読み取れます。例えば、その日の市場が閉まるまで株価が上昇し続けた場合、ローソク足は縦長の形になります（大陽線）。一方、市場が開いても価格に方向感がない場合は、漢字の「十」のような形状（十字線※）になります。ローソク足は、**1本の足から読み取れる情報の量が多く、相場のより詳細な動きを分析できる最適なツールなのです。**

用語解説

※十字線　　　　　　　始値と終値が同じ価格で、途中で上下に価格推移があったときに現れる。値動きが読みづらい状況を表す（188ページ参照）。

ローソク足が示す4つの価格

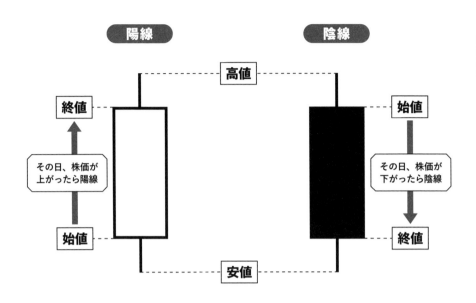

陽線

陰線

高値

終値

始値

その日、株価が
上がったら陽線

始値

終値

その日、株価が
下がったら陰線

安値

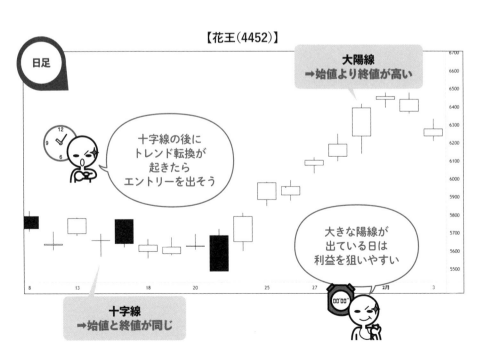

【花王（4452）】

日足

十字線の後に
トレンド転換が
起きたら
エントリーを出そう

大陽線
➡始値より終値が高い

十字線
➡始値と終値が同じ

大きな陽線が
出ている日は
利益を狙いやすい

第**2**章

チャートを構成する要素とチャートの読み方

37

チャートの時間軸を変えて異なる視点で値動きを見る

ローソク足の時間軸を変えることで、1本のローソク足が示す期間を変更できます。デイトレードでは、長期的・短期的な視点の使い分けが重要です。

「どの時間軸で見るか」に注目する

36ページでは、1本のローソク足が1日分の値動きを表すケースを例に挙げて解説しました。こうしたローソク足を「日足」と呼びます。

実は、ローソク足には日足のほかに、1本で1週間ごとの価格を表す「週足」、1時間ごとの「1時間足」、5分ごとの「5分足」などの種類があります。**それぞれ表示する期間に対して名前が付いており、これを時間軸と呼びます。** 1日ごとの値動きを確認したいのであれば日足チャート、5分ごとであれば5分足チャートというように、見たい時間軸に合わせてその都度切り替える必要があります。

長期的・短期的な視点を使い分ける

デイトレードは比較的短時間で売買するため、常に小さな時間軸でローソク足を表示する印象が強いかもしれません。しかし、**1日中時間軸の小さなローソク足だけで見てしまうと、細かな値動きにばかり反応してしまい、売買のポイントを見逃す可能性があります。**

まずは、株価の方向性を知るために日足や4時間足といった時間軸でローソク足を表示したり、チャートを縮小して長期的な値動きを見ましょう。その後、具体的な売買のエントリーを探すときに小さな時間軸でローソク足を表示すると、トレードしやすくなります。

実践！ 銘柄ごとに値動きの特徴があるため、過去のチャートを遡り、どの時間軸でどんなサインがあるかを確認するとコツを掴みやすくなる。

時間軸を変えて値動きの方向性と売買のタイミングを計る

【くら寿司(2695)】

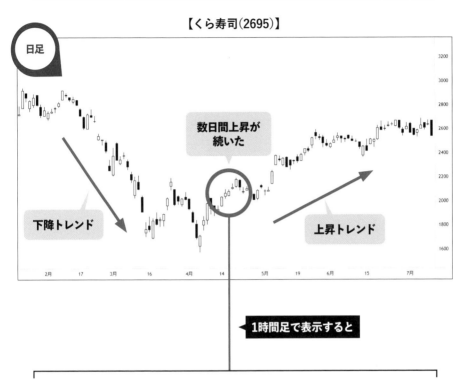

日足

数日間上昇が
続いた

下降トレンド

上昇トレンド

1時間足で表示すると

【くら寿司(2695)】

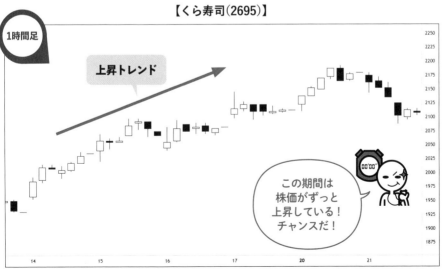

1時間足

上昇トレンド

この期間は
株価がずっと
上昇している！
チャンスだ！

急騰で起きるストップ高
急落で起きるストップ安

値幅いっぱいまで株価が上がることをストップ高、その反対をストップ安と呼びます。むやみに飛びつかず、どこで、なぜ起きたかを調べましょう。

株価の値幅には制限がある

　日本の株式投資では、過度な急騰や急落を防ぐため、株価が1日で変動する幅に限度（値幅制限）があります。前日の終値によって値幅の限度が決まり、例えば、前日の終値が700円以上1000円未満であれば、翌日の上下幅は150円までとなります。**この値幅制限いっぱいまで株価が上がることを「ストップ高」、値幅いっぱいまで株価が下がることを「ストップ安」と呼びます。**

　また、値幅制限には拡大措置があり、2営業日連続でストップ高（安）が続いた場合は制限する値幅が4倍に広がります。

いつストップ高が発生したかに注目する

　ストップ高が出た後の反応はさまざまです。あくまでひとつの目安ですが、安値圏で発生するとその後上昇しやすく、高値圏で上昇すると「買われすぎ」「実態に合わない価格が付いている」と判断されてすぐに下がりやすくなります。

　また、**ストップ高が起きた理由を調べておくようにしましょう。**例えば、自社株買いの発表が理由であれば、決算数値が改善されて多くの投資家に注目されやすくなり、その後の株価が伸びやすいといえます。

プラスα　右図のように株価が揉み合った後、（ストップ高ではなくとも）大きく上昇したら、上昇トレンドが始まるサインとなっているケースが多い。

急騰・急落を防ぐストップ高・ストップ安

【デジタリフト（9244）】

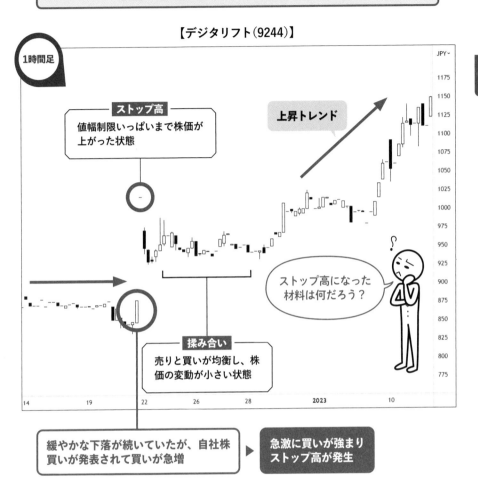

ストップ高
値幅制限いっぱいまで株価が上がった状態

上昇トレンド

揉み合い
売りと買いが均衡し、株価の変動が小さい状態

ストップ高になった材料は何だろう？

緩やかな下落が続いていたが、自社株買いが発表されて買いが急増 ▶ 急激に買いが強まりストップ高が発生

前日の終値	値幅制限
100円未満	30円
200円未満	50円
500円未満	80円
700円未満	100円

前日の終値	値幅制限
1000円未満	150円
1500円未満	300円
2000円未満	400円
3000円未満	500円

※3000円以上でも値幅制限は発生する

マルチタイムフレームを活用する

時間軸の異なるローソク足を同時に表示できる

　38ページでは、ローソク足の時間軸を変えることで視点を変化させる方法を解説しました。

　その発展形として、マルチタイムフレーム（Multiple Time Frame：略称MTF）と呼ばれる手法があります。これは、ひとつのチャート上に、時間軸の異なるローソク足を同時に表示するテクニックです。

【トヨタ自動車（7203）】

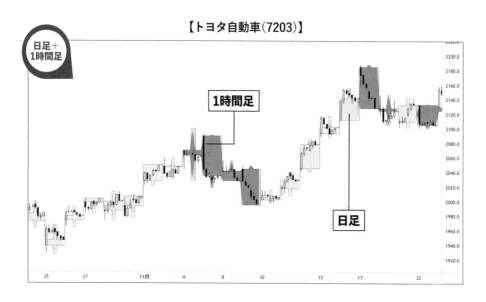

　上図は、トヨタ自動車（7203）の１時間足チャートに、日足のローソク足を表示させたものです。１時間足の細かな動きを見つつ、同時に日足で方向性を確認することができます。

　もちろん、１時間足と日足だけでなく、自由に時間軸を組み合わせて表示できます。

　例えば、スキャルピング用に５分足と30分足を組み合わせたり、スイングトレード用に４時間足と週足を組み合わせるといったケースが考えられます。こうした手法を活用し、トレードをスムーズに行いましょう。

デイトレードの基本

デイトレードで
勝てる
チャートパターン

デイトレードでは、1日という限られた時間のなかで取引を行います。そこで第3章では、デイトレードでも使いやすい、比較的簡単なテクニカル指標やチャートパターンを紹介します。

Keywords

●時間帯	●MACD
●テクニカル	●複数の指標
●移動平均線	●ダウ理論
●グランビル	●パターン
●複数表示	●天井・底
●乖離率	●保ち合い
●ストキャス	●出来高
●RCI・騰落レシオ	●即金規制
●RSI	

デイトレの基本①
狙い目は9時〜11時

1日中チャートに張り付いていても、急に値動きが活発になるのは稀です。最も値動きの大きい午前中を狙うとよいでしょう。

最も値動きが大きいタイミングを狙う

　株式の売買をその日のうちに完結する投資スタイルであるデイトレード。このスタイルで売買を行う場合、自分が取引する時間帯を意識しておくことが重要です。デイトレードでは短期間で株価の変動を読み、それを狙って特定の銘柄を売買しますが、この際に値幅（＝株価の高低差のこと）が大きければより大きな利益を狙いやすくなります。その観点からいえば、デイトレードでは株式市場が開いている時間のうち、**9時〜11時が最も取引に適しているといえるでしょう。**

　特に9時〜9時30分は意識しておきたい時間帯です。その理由は、前日、市場が閉まった後に発表されたニュースや決算情報、重要な経済指標などの材料をもとに投資家の注文が集中しやすいことや、市場が開く前に受け付けている注文（※注文自体は8時から受付開始）が約定され、値動きが1日のなかで最も大きくなりやすいからです。

勝ちやすい時間帯で勝てるワザを身につける

　ただし、**この時間帯に値幅が出やすいからといって、売買すれば100%勝てるわけではありません。**本章で紹介していくテクニカル指標やギャップアップ（202ページ参照）、ギャップダウン（202ページ参照）などの基準を使って、売買するタイミングや銘柄を厳選していきましょう。

実践！　前場が始まる前に、好材料が発表された銘柄や、値動きの大きい人気銘柄を探しておくとスムーズに取引できる（詳しくは242ページ参照）。

パターン1 取引量が多い9時〜11時ごろを狙う

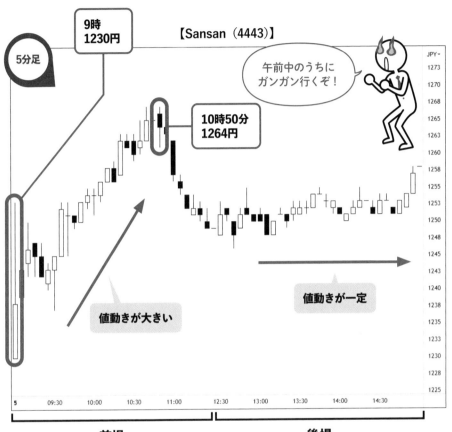

9時
1230円

【Sansan（4443）】

5分足

午前中のうちに
ガンガン行くぞ！

10時50分
1264円

値動きが大きい

値動きが一定

前場
9時〜11時30分

後場
12時30分〜15時

トレードをするなら
取引量が活発な
9時〜11時を狙うのがよい

プロのアドバイス

デイトレードに慣れない間は、寄付から取引を行わず、予
想通りの値動きになるか、様子見するとよいでしょう

デイトレの基本②
大引け前の値動きに注目

大きな材料が発表された場合を除き、株価は前日の流れを汲むことが多いです。
特に、大引け前と呼ばれる最後の15分に注目しましょう。

値動きが少ない時間も有効に使う

　44ページでお伝えした通り、デイトレードでは値幅が取れる9時〜11
時の時間帯に集中して売買を行うのが基本的なスタンスとなります。

　それ以外の時間に売買を行う際には、前日によほど影響のある材料が出
たケースなど、9時〜11時の勢いが継続しそうな場合に限定したほうが
よいでしょう。とはいえ、デイトレードは日々のトレードの利益を積み重
ねていくもの。**売買を行わないそれ以外の時間も、「翌日のトレードに活
かせる情報を集める時間」と捉えましょう。**

　1日単位で見ると株式市場が開いている時間は6時間程度ですが、1年
単位で見ると土日や祝日以外はほとんど毎日動いています。前日の閉場か
ら翌日の開場まで間隔が空いていたとしても、株価は少なからず前日の動
向に影響されるため翌日以降の売買に活用できる場合があります。

大引け前の株価が翌日に影響しやすい

　特に注目しておきたいのが「大引け前」と呼ばれる14時45分ごろ〜15
時です。この時間帯の値動きが翌日の動向に影響するケースは多々ありま
す。例えば、右図のように**正午から株価が続落する状況で、大引け前に明
確な反発がない場合、翌日もその動きを継続するケースが多いと想定でき、**
それを踏まえた戦略も立てやすくなります。

実践！ デイトレードを始める前は、発表された材料と併せて、前日の大引け前の
値動きも確認しておくことで、スムーズにトレードできる。

パターン2 大引け前の値が翌日に影響する

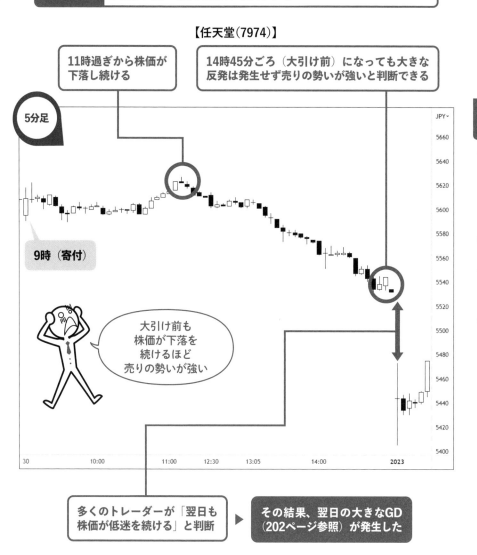

【任天堂（7974）】

11時過ぎから株価が下落し続ける

14時45分ごろ（大引け前）になっても大きな反発は発生せず売りの勢いが強いと判断できる

5分足

9時（寄付）

大引け前も株価が下落を続けるほど売りの勢いが強い

多くのトレーダーが「翌日も株価が低迷を続ける」と判断 ▶ その結果、翌日の大きなGD（202ページ参照）が発生した

プロのアドバイス

翌日も株価が下がると予想される場合、翌日の寄付の様子を見て空売りを行うといった戦略を取ることができます

デイトレの基本③
14時過ぎの急落に注意する

大引け前（1日の立会時間終了前）は、利確をする人が増えて株価が変動しやすい時間帯です。急落するか上昇するか、流れを見極めましょう。

大引け前は利確を行う人が増える

9時～11時以降にトレードを行う場合に注目しておきたいのが14時30分ごろ～15時の「大引け前」の時間帯です。株式市場が閉場するまでの30分間は、その日の取引のクライマックス。特に閉場15分前は売買が盛んになり、値幅が大きくなるのでトレードのチャンスが生まれやすくなります。

ただし、大引け前はデイトレードで参加している投資家の利益確定（利確※）の売りや損失確定の売りが出やすくなり、**高値圏で動いていた株価が一気に下落するなど、9時～11時の時間帯とは値動きの傾向が異なる**ため、そうした特性には注意しておきましょう。

チャンスを狙えることもある

反対に、午前中に急騰した銘柄が大引けにかけてさらにもう一段値上がりする場合もあり、直前の値動きを見極めることができれば利益につなげやすいタイミングでもあります。大引けにトレードする際には、**午後以降の値動きを確認しておき、午前中に高値圏まで到達した銘柄がさらに上がるかどうか、しっかりと仮説を立てたうえで臨みましょう。**また、デイトレードは基本的に翌日に持ち越さないトレードであるため、大引け前の短時間で利益を出せるかどうか、それを踏まえたうえでの判断が重要です。

用語解説	
※利確	保有している株式が値上がりしたタイミングで株式を売却し、利益を確定させること。

パターン3　大引け前は株価が上下しやすい

【MonotaRO（3064）】

ほかのトレーダーも「今日は株価が
上昇しづらいだろう」と考えやすくなる

陰線が3回連続しており
株価の下落継続が予想される

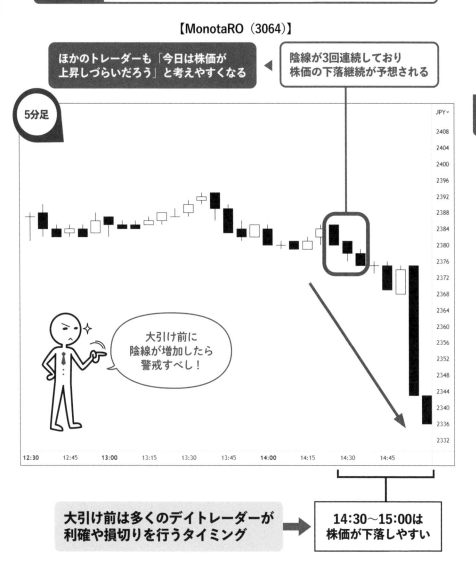

5分足

大引け前に
陰線が増加したら
警戒すべし！

大引け前は多くのデイトレーダーが
利確や損切りを行うタイミング

14:30〜15:00は
株価が下落しやすい

プロのアドバイス

トレードに慣れてきたら、寄付と大引けだけにタイミング
を絞ってトレードするのも一手です

デイトレの基本④
2種類のテクニカル指標

テクニカル指標は、トレンド系とオシレーター系という2種類に大別されます。それぞれ、順張り、逆張りという戦略に有効な指標です。

過去のデータから値動きを読み解く

　ここからはデイトレードで利益を出す際に重要な要素である「テクニカル分析」について解説していきます。

　テクニカル分析とは、主に過去の株価や出来高などのデータを使って、値動きを分析する手法のこと。テクニカル分析で将来の株価を100%予想できるわけではありませんが、**うまく使いこなせれば「市場参加者の目線」や「現在の株価の状態」などを客観的に分析できるようになります。**

　その主要な方法は、チャートを使った分析手法です。皆さんにも馴染み深い「ローソク足」も、形状から価格の方向性を予測するために用いられているため、これもテクニカル分析のひとつといえるでしょう。

2種類のテクニカル指標を使いこなす

　ほかにも、チャートに「テクニカル指標」と呼ばれるグラフを追加し、より細かく値動きを分析するやり方もあります。ひとえに「テクニカル指標」といってもこのページに書ききれないほど種類があるのですが、移動平均線やボリンジャーバンドなどの「トレンド系指標」、RSIやストキャスティクスなどの「オシレーター系指標」の2つに大きく分類ができます。**これらの指標をどう使うのかによってもスタイルが大きく変わる**ので、まずはそれぞれの特徴をしっかりと押さえておきましょう。

プラスα　株価の動向を読み解く分析には、テクニカル分析のほかに、企業の業績や経済動向などを用いたファンダメンタルズ分析がある。

分析に必要な2種類のテクニカル指標

テクニカル分析 過去の株価や出来高など使って、値動きを予測する。チャートを使った**視覚的にわかりやすい**分析方法。

トレンド系指標

トレンドの始まり、終わり、勢いを予測しやすいため、**順張りに有効**
- 移動平均線
- ボリンジャーバンド
- エンベロープ
- 一目均衡表
  など

オシレーター系指標

買われすぎているか、売られすぎているかを判断しやすいため、**逆張りに有効**
- RSI
- RCI
- 移動平均乖離率
- ストキャスティクス
  など

【トヨタ自動車(7203)】

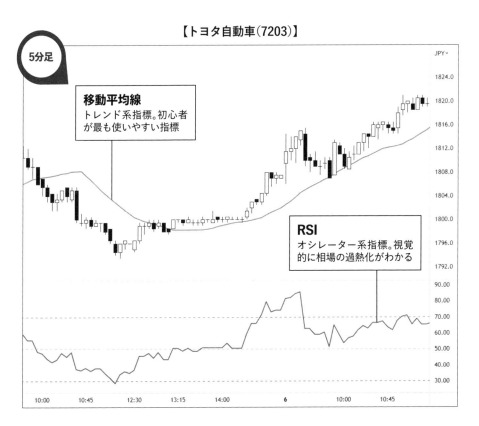

5分足

移動平均線
トレンド系指標。初心者が最も使いやすい指標

RSI
オシレーター系指標。視覚的に相場の過熱化がわかる

51

デイトレの基本⑤
簡単に使える移動平均線

移動平均線は、初心者からベテラントレーダーまで幅広く使われるテクニカル指標です。一目で株価の勢いがわかります。

しくみも分析方法もシンプルな指標

　テクニカル指標を使って株価の分析を行う際に、デイトレード初心者でも使いやすいのが「移動平均線」です。移動平均線とは、読んで字の如く「（株価の）平均値」を「移動」させた「線」のこと。

　しくみは非常にシンプルで、ある特定の期間内の終値の平均値をチャートに書き、終値が新たに追加される度に平均値を横に書き加え、その点同士をつないでできています（※単純移動平均線の場合）。

　このテクニカル指標はトレンド系指標に分類されるもので、株価のトレンド（方向性）を見極めるために使い、線が「上向きであれば上昇トレンド」、「下向きであれば下降トレンド」であると判断します。つまり、**移動平均線の向きさえわかれば、現在の相場が買いに適しているのか、それとも売りに適しているのかが、ひと目でシンプルに判断できるのです。**

移動平均線とローソク足の位置から勢いを探る

　また、「向き」から一歩進んでより細かく分析したい場合は、移動平均線と株価（＝ローソク足）の位置にも注目してみましょう。

　例えば、移動平均線が上向きで、かつ線の上にローソク足が位置している場合、**特定の期間内の平均値よりも現在の価格はさらに上にあるため、上昇トレンドのなかでも特に勢いのある状態と分析できます。**

プラスα　移動平均線の歴史は古く、日本では1910年代、米国では1920年ごろに開発されたといわれている。

パターン4 移動平均線の「方向」と「ローソク足の位置」に注目

【GMOインターネットグループ（9449）】

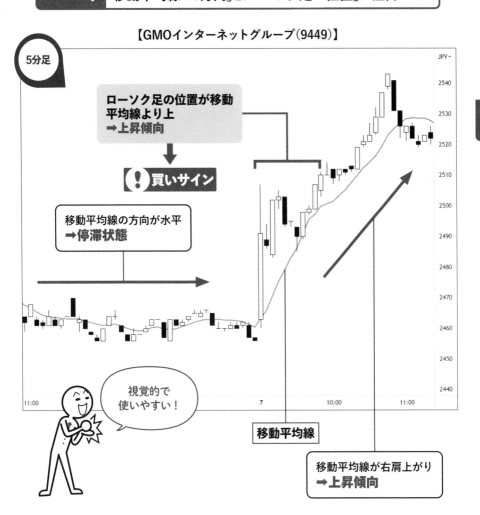

5分足

ローソク足の位置が移動
平均線より上
➡上昇傾向

⬇

⚠買いサイン

移動平均線の方向が水平
➡停滞状態

視覚的で
使いやすい！

移動平均線

移動平均線が右肩上がり
➡上昇傾向

移動平均線の注目ポイント

方向
移動平均線が右肩上がりなら、
一定期間の株価が上昇している
ことを表す

ローソク足の位置
ローソク足が移動平均線より上
にあれば、現在の株価が一定期
間の株価より高いことを表す

デイトレの基本⑥
パラメーターを調整する

移動平均線は、パラメーター（平均値を取る期間）を変更できます。デイトレードにおいても幅広いパラメーターで指標を見ることが大切です。

平均値を計算する期間を変更する

　移動平均線を使ってテクニカル分析を行う際、「パラメーター」も重要な要素です。パラメーターとは、テクニカル指標を計算するために用いられる数値のことで、移動平均線であれば平均値を計算する「期間」のことを指します。例えば、日足で移動平均線を表示する場合、「5日」や「50日」、「100日」というように平均値を計算する期間を変更できます。

　パラーメーターを変えると、「線の滑らかさ」が変わります。先ほどの例でいえば、5日移動平均線は直近5日分の終値をもとに計算されるため、線が現在の値動きに対して敏感に反応し、株価を追いかけるような形で描かれます。一方、100日移動平均線の場合、直近の株価に対する反応が鈍く、線自体も滑らかに描かれます。

分析方法に応じてパラメーターを変更する

　この点を踏まえて、移動平均線の分析方法である「向き」と「位置」に注目して考えてみると、5日線の場合は比較的短い期間のトレンドを分析するのに適していますし、100日線の場合は長期間のトレンドを分析するのに適しています。ひとえに移動平均線といっても、**パラメーター次第で分析できるトレンドの時間軸が異なる**ため、自分の目的に合致した使い分けができるとより効率的です。

身につける！ 日足の場合、パラメーターが5のSMAは「5日SMA」と表記される。時間足や分足の場合、パラメーターが5であれば「5SMA」と表記される。

パラメーターの違いによる移動平均線の特徴

100日移動平均線

パラメーターの数値が大きいほど線が滑らかになる。**長期的な株価の方向性がわかるものの、短期的な下落には反応しない**

【GMOインターネットグループ（9449）】

日足

JPY▾
3400
3200
3000
2800
2600
2400
2200
2000
1800
1600
1400

2月　3月　4月　5月　6月　7月　8月　9月

デイトレードでもバランスよく使いこなそう

50日移動平均線

5日移動平均線より滑らかで、100日移動平均線より動きがあり、わかりやすい

5日移動平均線

直近5日分の株価を平均しているため、現在の値動きに敏感に反応する。**短期的な株価の方向性はわかるが、ダマシが多くなる**

グランビルの法則
買いパターン①

グランビルの法則は、移動平均線を使った売買サインのこと。買いと売りでそれぞれ4パターン、合計8つの売買パターンで構成されています。

底値を狙って買うための戦略

　移動平均線をより実践的に使いこなすために知っておきたいのが「グランビルの法則」です。移動平均線の生みの親であるジョセフ・グランビルが考案した分析方法で、移動平均線の「向き」と「ローソク足との位置」を基準に、トレードするのに最適なタイミングを見極める方法です。買いパターンと売りパターンがそれぞれ4つありますが、ここではまず買いのパターン①を解説します。

　グランビルの法則買いパターン①は、**下降トレンドから上昇トレンドへ転換する際の勢いを利用して利益を狙う戦略です。**下降トレンドが続くと、移動平均線は下向きかつ、ローソク足も線の下側で推移しますが、売りの勢いが弱まると、ローソク足が徐々に移動平均線に近づきます。そして、**ローソク足が横向き、もしくは上向きになった移動平均線を上抜ければ株価が底打ちし、上昇トレンドへと転換していくのです。**

100%当たらないためこまめな利確が必要

　とはいえ、パターン通りに値上がりしても、高値をつけた後に調整※するケースもあります。そのため、特にデイトレードでは**値幅が取れたら利確し、トレンドが継続しそうなら改めて入り直すなど短いスパンを意識するとよいでしょう。**

用語解説	
※調整	相場の動きが短期的に反対の動きをすること。例えば、上昇トレンドが発生しているとき、短期的に下落する状態が調整となる。

パターン5 グランビルの法則の買いパターン①

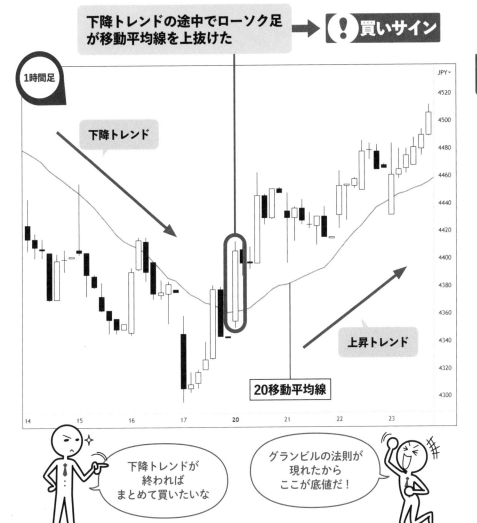

【KDDI（9433）】

下降トレンドの途中でローソク足が移動平均線を上抜けた → **【！】買いサイン**

1時間足

下降トレンド

20移動平均線

上昇トレンド

下降トレンドが終わればまとめて買いたいな

グランビルの法則が現れたからここが底値だ！

プロのアドバイス

本当に上昇トレンドに転じるかを確認するため、ローソク足2、3本分は様子を見ておきましょう

57

グランビルの法則
買いパターン②

2つ目の買いパターンは、一時的に株価が下落した「押し目」のタイミングを狙った手法です。デイトレードに限らず、幅広く支持される手法です。

一時的に株価が下がったタイミングを狙う

　比較的短いスパンで売買が完了するデイトレードであっても、株価のトレンドに沿った売買を意識しておくことが重要であり、**上昇トレンドの「押し目（上昇トレンドが一度調整し、再度上げていくポイントのこと）」を中心にエントリーのポイントを厳選するのがおすすめ**。

　その際に有効なのが、グランビルの法則買いパターン②です。

　買いパターン②では、**移動平均線が上向きかつローソク足が線の上で動いている状態から、一度線を下抜け、再び線を上抜けるタイミング**がエントリーポイントとなります。こうした値動きは、買いパターン①のようにトレンド転換の初動で一度高値を付けた後、深めに調整された場合に発生しやすく、再度、移動平均線を上抜けることで上昇トレンド継続が市場参加者に強く意識されます。つまり、上昇トレンドの押し目を知らせるサインとして買いパターン②が機能します。

　ただ、ローソク足が移動平均線をいったん下抜けても、状況によってはそのまま値下がりするケースもよくあります。そのため、買いパターン②を基準にしてエントリーする場合は、移動平均線の下でローソク足が反転したタイミングではなく、**移動平均線を上抜けたポイント、もしくはその次のローソク足が移動平均線の上で確定したポイントなどを基準にすることで、エントリーの精度を上げられます**。

プラスα
　押し目を使うと、上昇トレンドのなかでも比較的安い株価で購入できる。繰り返し練習して、タイミングを掴むと勝率が上がりやすくなる。

パターン6　グランビルの法則の買いパターン②

【サイボウズ（4776）】

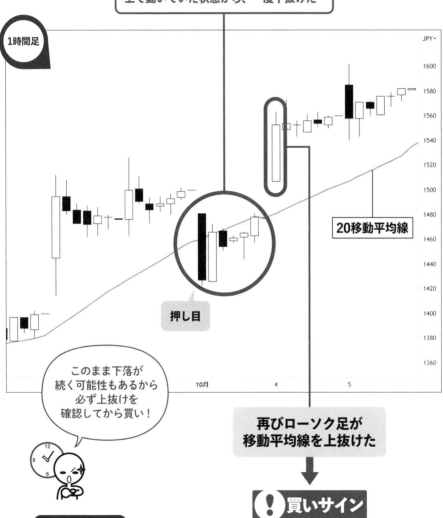

移動平均線が上向きでローソク足が線の
上で動いていた状態から、一度下抜けた

1時間足

JPY

1600
1580
1560
1540
1520
1500
1480
1460
1440
1420
1400
1380
1360

20移動平均線

押し目

このまま下落が
続く可能性もあるから
必ず上抜けを
確認してから買い！

10月　　　4　　　5

再びローソク足が
移動平均線を上抜けた

⬇

（！）買いサイン

株価が移動平均線を下抜けると、そのまま下落を続ける可
能性もあるため、株価の反発を待ちましょう

59

グランビルの法則
買いパターン③

3つ目の買いパターンも、押し目を狙う方法ですが、より市場参加者に意識されるため、上昇トレンドの継続により期待できます。

押し目を狙うもうひとつの方法

　グランビルの法則買いパターン③も、買いパターン②と同様に上昇トレンドの中の押し目を狙う際に有効です。買いパターン③の場合、**上昇中の移動平均線に向かって一時的に株価が下がり、移動平均線を下抜けることなく反発し再び上昇するタイミングがエントリーポイントとなります。**

ほかの市場参加者も強く意識するポイント

　買いパターン②と比較して、上昇トレンドの調整が浅くローソク足が移動平均線を下抜けずに、買いパターン③が成立した場合、上昇トレンド継続が強く意識されやすくなります。というのも、移動平均線は最も有名なテクニカル指標であるため、市場参加者の多くが「線の向き」と「ローソク足との位置」を参照しています。つまり、市場参加者も同じように「**移動平均線を下抜けずに反発すれば上昇トレンドが続きそうだ」と判断するため、買われやすくなるわけです。**鶏と卵のような話ですが、移動平均線を表示させるということは、チャート上に「市場参加者に意識されやすいポイント」が視覚化できるという点もメリットのひとつです。

　また、買いパターン③でトレードを行う際には、**しっかり反発したポイントを狙って買いエントリーをし、移動平均線を下抜けた場合は損切りしたほうがよいでしょう。**

プラスα | 移動平均線を下抜けずに反発することで、市場参加者が「上昇トレンドはまだ続く」という意識をもち、買いが入りやすくなる。

パターン**7**　グランビルの法則の買いパターン③

【Sansan（4443）】

上昇トレンドの途中で一時的に株価が下落するが、移動平均線を下抜けずに上昇した　→　

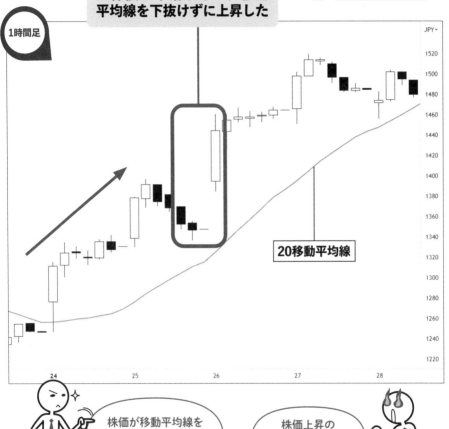

1時間足

20移動平均線

株価が移動平均線を下抜けても反発する可能性があるため待機！

株価上昇の勢いはまだ衰えていない！

プロのアドバイス

株価が反発するまでは買いパターンといえる確証がないため、明確に株価が上昇したタイミングで買いましょう

グランビルの法則 買いパターン④

4つ目の買いパターンは、株価が下落したときに買う「逆張り」の手法です。利益を狙いやすいものの、リスクが高いため、安易に使うのは控えましょう。

株価が下がったときに買う「逆張り」の手法

グランビルの法則買いパターン①〜③はエントリーポイント自体は違えど、上昇トレンドに沿って買う「順張り」を行うポイントを見極める戦略という点は共通していました。一方、ここで紹介するグランビルの法則買いパターン④は、**移動平均線が下向きかつ、ローソク足が急落したタイミングで買っていく「逆張り」の投資戦略です。**

売り注文が続くと株価の下落が継続しやすい

買いパターン④では、下向きの移動平均線に対してローソク足が大きく離れたポイントで買います。このパターンが最も機能しやすいのが、右図のように**上昇トレンドが終わり株価が移動平均線を下抜け、急落する場面でしょう。**上昇トレンドが最終局面を迎え、「価格はこれ以上伸びないだろう」と判断すると決済の売りが出ますし、天井付近で買った投資家も損切りのために売り始めます。この動きによって相場がパニックに陥り、株価が急落しやすくなりますが、ある程度株価が下落すると、今度は「売られすぎ」と判断されて株価が移動平均線に戻る動き（＝上昇）になりやすいのです。とはいえ、逆張りでは、エントリーのタイミングや損切りポイント設定の難易度が高めです。**反発すると思いきや、さらに投げ売られるという可能性も十分ある**ので、注意しておきましょう。

実践！ 逆張りは、最終的に株価が上がらなければ利益につながらないため、デイトレードでは大引け前の逆張りは避けたほうがよい。

パターン8　グランビルの法則の買いパターン④

【吉野家HD（9861）】

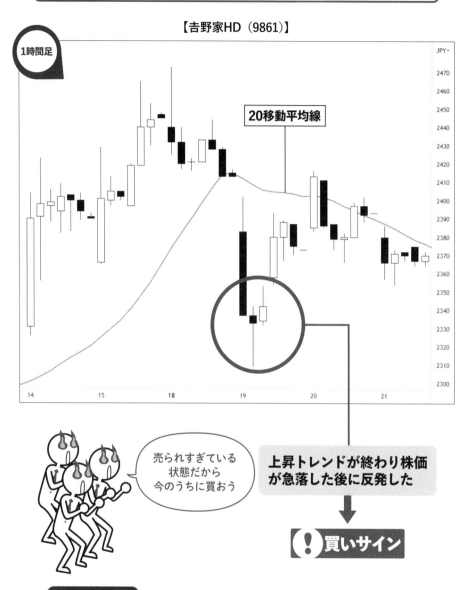

1時間足

20移動平均線

売られすぎている
状態だから
今のうちに買おう

上昇トレンドが終わり株価
が急落した後に反発した

！買いサイン

プロのアドバイス

**逆張りで失敗しないよう、長い下ヒゲなどの転換サインを
確認したうえで利確・損切りポイントを設定しましょう**

グランビルの法則
売りパターン①

ひとつ目の売りサインは、上昇トレンドから下降トレンドへの転換を見極めるものです。できるだけ高い値で売るために身につけるとよいでしょう。

ローソク足と移動平均線からトレンド転換を見抜く

　ここからは、グランビルの法則における売りの4つのパターンを解説していきます。デイトレードでは信用取引※で空売りを狙うことも多いため、現在の相場が買いと売り、どちらのエントリーに適しているのかを考える際にも、グランビルの法則は役立ちます。

　グランビルの法則売りパターン①は、**上昇トレンドから下降トレンドへ転換する際に株価が下降する勢いを利用して利益を狙う戦略**です。上昇トレンドが続くと、移動平均線は上向きかつ、ローソク足も線の上側で推移しますが、買いの勢いが弱まるとローソク足が徐々に移動平均線に近づきます。そして、ローソク足が、横ばいもしくは下向きになった移動平均線を下抜ければ、株価が天井を打って下降トレンドへと転換していきます。この初動を見極めるサインとして売りパターン①が機能するのです。

　グランビルの法則は買いと売りどちらかの目線で、上昇・下降トレンドの序盤、中盤、終盤それぞれで適したエントリータイミングを分析する投資戦略です。

　その観点からいえば、売りパターン①ではまず「試し玉（値動きを知るため、試しに売買すること）」としてトレード資金の一部で売ってみて、**想定通り動きそうならホールドし、動きがない、もしくは反発しそうなら早めに手放す**、といった意識で取り入れるとよいでしょう。

用語解説

※信用取引　　　現金や株式を証券会社に預けて、証券会社からお金や株式を借りて売買する手法。このうち、株式を借りて「売り」から入る方法を空売りと呼ぶ。

パターン9　グランビルの法則の売りパターン①

【ニトリHD（9843）】

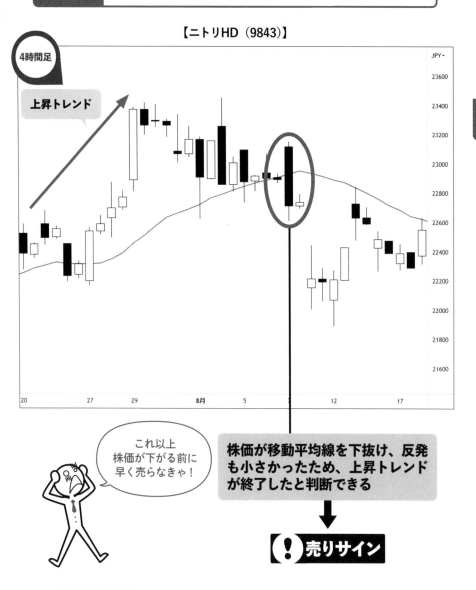

4時間足

上昇トレンド

これ以上
株価が下がる前に
早く売らなきゃ！

株価が移動平均線を下抜け、反発も小さかったため、上昇トレンドが終了したと判断できる

（！）売りサイン

プロのアドバイス

株価が下落に傾くと、多くのトレーダーが損切りや空売りに走りやすく、下降トレンドに入る傾向があります

グランビルの法則
売りパターン②

下降トレンドが発生している際、一時的に株価が上昇するタイミングがあります。2つ目の売りサインで、この一時的な上昇を見極めます。

一時的に株価が上がったタイミングを狙う

　グランビルの法則売りのパターン②は、買いのパターン②（58ページ参照）の反対です。移動平均線が下向き、かつローソク足が線の下で動いている状態から、**一度線を上抜け、再び線を下抜けるタイミングがエントリーポイントとなります。**

　買いパターン②のように、上昇トレンドが調整し、再度上を目指す動きを「押し目」、そこで買うことを「押し目買い」と表現しますが、下降トレンドの場合は呼び方が変わります。下降トレンドが調整して再度下を目指す動きに合わせて売ることを「戻り売り」と呼びます。

戻り売りが起きると売りが加速しやすい

　売りパターン①で説明した、トレンドの一連の動きを踏まえて考えると、売りパターン②は「下降トレンドの中盤で戻り売りに適したエントリーポイントを探す戦略」です。売りのパターン②では上昇トレンドから下降トレンドへと転換し、その後、上昇トレンドに戻すと見せかけ、再度移動平均線を下抜ける動きに合わせてエントリーします。

　こうした動きが下降トレンド中に発生すると、**市場参加者に下降トレンドの「継続」が強く意識され、さらに売りが加速するケースが多い**ため、戻り売りのタイミングとしては最適です。

プラスα　下降トレンドに入ると、安値が更新され、高値が次第に切り下がっていく状態が継続する（詳しくは90ページ参照）。

【ニトリHD（9843）】

下降トレンドの途中で、移動平均線を上抜けた株価が再び下落 ➡ 【！】売りサイン

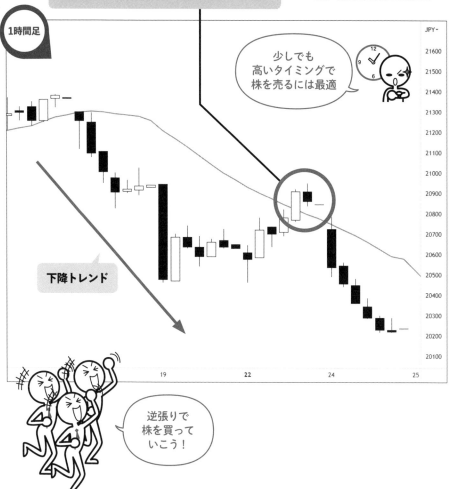

1時間足

少しでも高いタイミングで株を売るには最適

下降トレンド

逆張りで株を買っていこう！

プロのアドバイス

下降トレンドの途中でも、空売りの決済や逆張りを狙う人が株を買うことがあり、戻り売りのチャンスが生まれます

グランビルの法則
売りパターン③

3つ目のサインも売り増しを狙った手法です。シンプルに判断できるサインのため、実践しやすい、おすすめのサインといえます。

売り増しの判断にも使えるサイン

　売りパターン③も、売りパターン②と同様、下降トレンド中の戻り売りを狙うトレード戦略です。売りパターン③では、**下降中の移動平均線に向かって一時的に株価が上がり、移動平均線を上抜けることなく反発し再び下降するタイミングが売りのエントリーポイントとなります。**

　このパターンが下降トレンド中に出現すると、トレンドの継続が市場参加者に意識されるため、**売りパターン①で試し玉を行っているのであれば、ここでさらに資金を追加（売り増し※）するという戦略も有効です。**

グランビルの売りパターンのなかで最も使いやすい

　売りパターン②と異なり、移動平均線を上抜けずに、線の下側で推移するなかで売るポイントを精査できます。そのため、損切りも「移動平均線を上抜けたら」とシンプルに判断できますし、うまくトレンドに乗れれば利益も乗せやすいので、グランビルの法則の売りパターンのなかでは最もおすすめです。また、デイトレードのような短いスパンで売買を行う場合、日足などの大きな時間軸でこのパターンが出現している銘柄を探し出せば、**下降トレンドの継続が意識されている銘柄を絞り込むことができます。** グランビルの法則も時間軸ごとで受け取られる意味が異なってくるので、使い分けられるようにしておきましょう。

用語解説
※売り増し　　　　　　　　相場の状況に応じて追加で売りを行い、より大きな利益を狙うこと。

グランビルの法則の売りパターン③

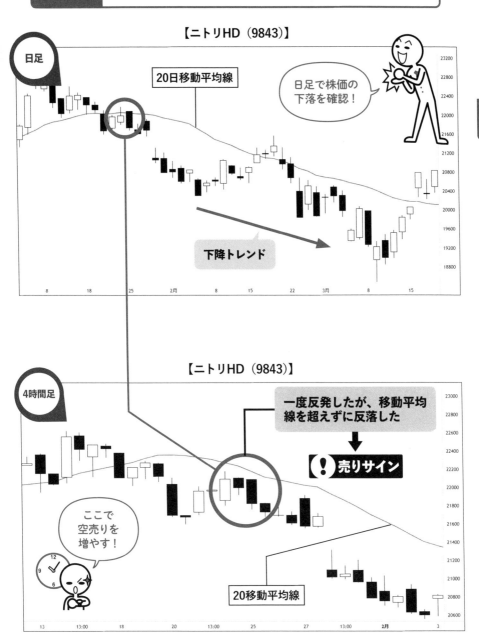

【ニトリHD（9843）】

日足

20日移動平均線

日足で株価の
下落を確認！

下降トレンド

第3章 デイトレードで勝てるチャートパターン

【ニトリHD（9843）】

4時間足

一度反発したが、移動平均
線を超えずに反落した

(!) 売りサイン

ここで
空売りを
増やす！

20移動平均線

69

グランビルの法則
売りパターン④

4つ目の売りサインは、株価が急騰したタイミングに売りを仕掛ける逆張りの手法です。トレンドが転換する際が特に狙い目です。

移動平均線と大きく乖離したときがポイント

グランビルの法則売りパターン④は、**上昇トレンド中に株価と移動平均線が大きく離れたタイミングを狙って売る、「逆張り」戦略です。**

基本的には、株価が急騰して移動平均線との乖離が大きくなれば売りパターン④の出現と考えてもよいですが、買いパターン④と同様、損切りやエントリーポイントを精査せずに売ると思わぬ損失を引き起こしやすいので注意が必要です。

下降トレンドの終わりを狙う

その観点からいえば、**売りパターン④を使ったエントリーに適しているのは、右図のように移動平均線の傾きが緩やかになるなど底打ちを示す兆候が出てきた際に、株価が移動平均線を上抜けたタイミングで急騰した場面でしょう。**

下降トレンドから上昇トレンドに転換する初動では、相場のバランスが極端に買いに傾いて一時的に急騰することがよくありますが、多くの場合、上昇トレンドが本格的に始まる前に一度調整し、その後、上昇トレンドの継続が確認されると買いたい投資家が積極的に参加してきます。

この調整のタイミングでは売りパターン④が比較的機能しやすくなるので、できればこうしたポイントを狙ってエントリーするとよいでしょう。

プラスα ▶ **株価は、移動平均線と大きく離れた後、再び線に近づきやすいため、株価と移動平均線が大きく離れたタイミングは狙いやすい。**

パターン**12**　グランビルの法則の売りパターン④

【MonotaRO（3064）】

**上昇トレンドに転換する初動で
移動平均線から大きく乖離した** ➡ **【！】売りサイン**

4時間足

上昇トレンド

JPY

下降トレンド

移動平均線に近づいたら
利益を確定させる

株価が下落せず
すぐに上昇したら
迷わず損切りを行う！

プロのアドバイス

**空売り（ショート）の逆張りは、株価が上がっているときに
売り、株価が下がりきったときに買い戻す戦略です**

移動平均線の3つの種類
SMA・EMA・WMA

一定期間の終値を平均した単純移動平均線（SMA）だけでなく、SMAの弱点を克服するために直近の株価の比重を大きくしたEMA、WMAがあります。

単純移動平均線は株価の急な変化に弱い

　ここまで移動平均線に関する解説に使用してきたのは、線の計算式が最もシンプルな「単純移動平均線（SMA）」でした。

　基本的に移動平均線を使ったチャート分析ではSMAで十分ですが、あえてSMAの弱点を挙げるとするならば「直近の値動きに対する反応が鈍い」という点です。特に、**株価が急騰や急落した場面ではSMAが機能しなくなることも多く**、この弱点を克服するため、SMAがさまざまな形でアレンジされるようになりました。ここでは、そのなかから代表的な「指数平滑移動平均線（EMA）」と「加重移動平均線（WMA）」を紹介します。

EMAやWMAはトレンドの転換に素早く反応する

　EMAとWMAはそれぞれ計算式が異なりますが、**SMAと比較して直近の値動きに敏感に反応するように設計されているのが特徴です**。右図に、SMA、EMA、WMAを表示しました。それぞれ同じパラメーターを入れていますが、チャート後半の下降トレンドが発生したタイミングではWMA＞EMA＞SMAの順で、ローソク足に対して敏感に反応していることがわかります。例えば、グランビルの法則売りパターン①のように、トレンド転換のサインを移動平均線で見極める際もWMAやEMAではより早くサインが出るため、いち早く売買ポイントを分析したい場合におすすめです。

身につける！ ▶ EMAやWMAは直近の株価の比重を大きくする分、急なトレンドの変化に反応しやすく、トレンド転換を察知する際に有効。

移動平均線の種類

単純移動平均線（SMA） 一定期間の終値を平均した指標。急なトレンド転換に反応しづらい

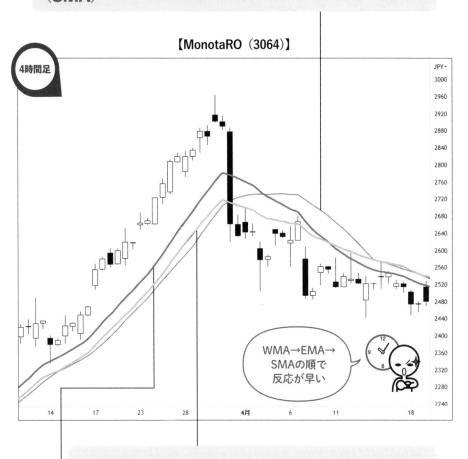

【MonotaRO（3064）】

4時間足

JPY
3000
2960
2920
2880
2840
2800
2760
2720
2680
2640
2600
2560
2520
2480
2440
2400
2360
2320
2280
2240

14　17　23　28　4月　6　11　18

WMA→EMA→SMAの順で反応が早い

指数平滑移動平均線（EMA） 直近の株価に比重を置いた移動平均線。WMAよりも計算の対象となる範囲が広い点が特徴

加重移動平均線（WMA） 直近の株価に比重を置いた移動平均線。3つのなかで、急なトレンド転換に最も早く反応できる

ゴールデンクロスと
デッドクロス

パラメーターの異なる移動平均線をチャート上に複数本表示すると、より細かな分析を行えます。2本の移動平均線を使ったGCとDCは代表的なサインです。

2本の移動平均線を使ったサイン

ここからは移動平均線の応用編として、複数の移動平均線を用いた分析方法を解説していきます。まずは、最もポピュラーな「ゴールデンクロス（GC）・デッドクロス（DC）」についてです。GC・DCは、パラメーターの異なる2本の移動平均線を使ったサインです。**パラメーターの小さい移動平均線（短期線）がパラメーターの大きい移動平均線（長期線）を上抜けるとGC、反対に短期線が長期線を下抜けるとDCとなります。**

短期・長期的な視点からトレンドの転換を見る

GCやDCで判断できるのは、「トレンド転換のサイン」です。前述したように、移動平均線は線の向きでトレンドの方向性が分析できますが、GCやDCが起こるということは、「短いスパンで売買をする投資家のトレンドと、長いスパンで売買をする投資家のトレンドが逆転している可能性」を示唆します。

つまり、**大きな目線で見れば上昇・下降トレンドであっても、株価は天井や底打ちし転換の準備に入っていると考えられるのです。**

GCやDCはそうしたトレンドの変化を視覚化できますし、この考え方をベースにGCなら買い、DCなら売りとシンプルに判断するのもひとつの手です。

プラスα　GC・DC後にパーフェクトオーダー（76ページ参照）へと発展することがある。その場合、トレンドの勢いは非常に強いと判断できる。

パターン13 上昇トレンドへの転換を示すゴールデンクロス（GC）

【MonotaRO（3064）】

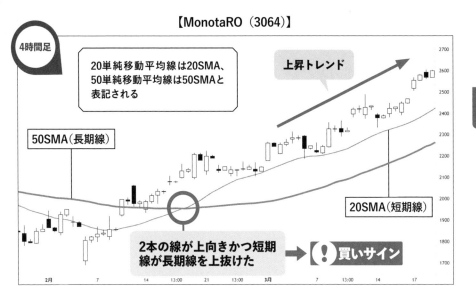

4時間足

20単純移動平均線は20SMA、50単純移動平均線は50SMAと表記される

上昇トレンド

50SMA（長期線）

20SMA（短期線）

2本の線が上向きかつ短期線が長期線を上抜けた → ⚠ 買いサイン

パターン14 下降トレンドへの転換を示すデッドクロス（DC）

【MonotaRO（3064）】

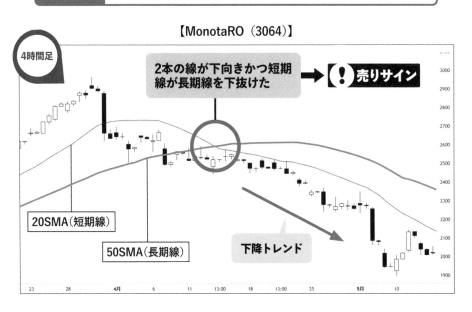

4時間足

2本の線が下向きかつ短期線が長期線を下抜けた → ⚠ 売りサイン

20SMA（短期線）

50SMA（長期線）

下降トレンド

順張りの買いサインとなる
パーフェクトオーダー

3本の移動平均線が同じ方向を向き、相場が強いトレンドを示す状態をパーフェクトオーダーと呼びます。順張りをする際は覚えておきたいサインです。

3本の移動平均線から株価の方向を検討する

　GC・DCのほか、複数の移動平均線を使った、順張りに適した投資戦略として「パーフェクトオーダー」があります。

　パーフェクトオーダーとは、パラメーターの異なる移動平均線を3本以上チャートに表示させ、**各移動平均線が上から短期線・中期線・長期線の順でチャート上に並んでいる状態を指します。**パーフェクトオーダーが発生すると、トレンドの勢いが最も強くかつ安定している状態と判断されるため、順張りを行うには適したタイミングといえます。

ポイントは短期線と中期線のクロス

　前述の内容を前提として、トレードで使う場合の具体例を見ていきましょう。

　右図のように、株価が上昇中に短期・中期・長期の3本の移動平均線がパーフェクトオーダーになった場合、非常に強い上昇トレンドが発生したと考えることができます。**上昇トレンドの定義は「株価が上昇し、反落しても前の安値を更新せずに直近の高値を超えていくこと」**ですが、これがずっと続くとパーフェクトオーダーの状態となります。安定性のある上昇トレンドが発生している状態を示すため、流れに沿って買いのエントリーポイントを精査しましょう。

身につける！ パーフェクトオーダーに乗ってうまくエントリーできた場合、短期線が中期線をデッドクロスしたところが決済ポイントとなる。

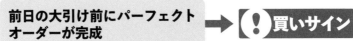

パターン**15**　強い上昇トレンドを示すパーフェクトオーダー

【ユーグレナ（2931）】

前日の大引け前にパーフェクトオーダーが完成　➡　**(!) 買いサイン**

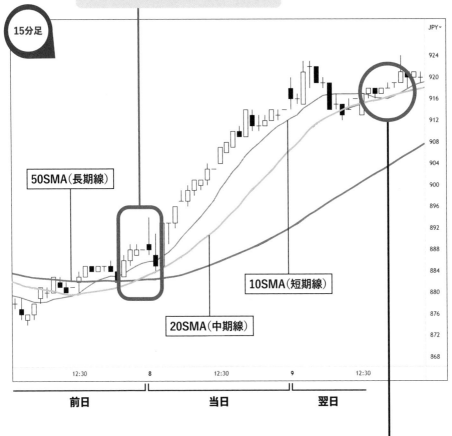

15分足

50SMA（長期線）

20SMA（中期線）

10SMA（短期線）

| | 前日 | 当日 | 翌日 |

(!) 売りサイン　⬅　短期線が中期線をデッドクロスしてパーフェクトオーダーが終了した

プロのアドバイス

売りサインが大引けまで現れない場合は、持ち越しリスクを回避するために大引け前に利確するのも一手です

相場の反転が確認できる
移動平均乖離率

移動平均乖離率は、株価と移動平均線がどれだけ離れているかを示すオシレーター系指標です。乖離が大きいほど相場が反転しやすくなります。

適正な乖離率は株価指数や銘柄ごとに異なる

　移動平均線を応用したテクニカル指標のひとつに「移動平均乖離率（乖離率）」というものがあります。これは、株価が移動平均線からどの程度乖離しているか、その推移を示したもので、トレンドの反転ポイントを見極める際に活用できます。右図は、上段に日経平均の日足と21SMAを表示し、下段に21SMAを基準とした移動平均乖離率を表示したチャートです。過去の推移を見ると、上段で株価が大きく変動して移動平均線から離れたときは、乖離率が0を基準に上下に触れているのがわかります。

　右図を見ると、株価が急騰・急落し**乖離率が±4％を超えたとき、移動平均線に向かって戻す動きが発生する傾向がある**ことがわかります。あくまで「傾向がある」というだけで、将来的に必ず同じ動きが発生するわけではありませんが、過去の傾向は将来的にも意識されやすいといえます。

グランビルの法則と組み合わせて使える

　この日経平均の例では±4％を基準に判断できたわけですが、適正な乖離率は、株価指数や銘柄ごとによって異なります。必ず過去のチャートを見て、どの乖離率で反応しているかを確認しましょう。また、グランビルの法則買いパターン①と組み合わせると、トレンド転換の初動を狙うトレードの根拠を補強できます。

身につける！　この事例での基本戦略は、乖離率が＋4％を超えたら売る、乖離率が－4％を超えたら買う、の2つがある。

パターン16 相場の反転がわかる移動平均乖離率

【日経平均】

移動平均乖離率が4%を超えると、株価が下落して移動平均線に近づいていく →  売りサイン

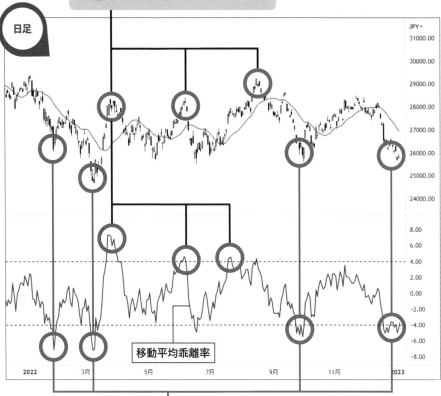

日足

移動平均乖離率

移動平均乖離率が−4%を超えると、株価が上昇して移動平均線に近づいていく →  買いサイン

プロのアドバイス

デイトレードにおいても、大きなトレンドを把握するために日足で過熱感を確認しておくとよいでしょう

2本の線で構成される ストキャスティクス

ストキャスティクスは2本のラインを用いて「売られすぎ」「買われすぎ」を判断する指標で、逆張り戦略に有効です。

「スロー・ストキャスティクス」を中心に使用する

　オシレーター系テクニカル指標のうち、ストキャスティクスはよく使われる、代表的なものです。

　ストキャスティクスには「%K※」と「%D※」という2本のラインを使った「ファスト・ストキャスティクス」と、ファスト・ストキャスティクスの反応をならした「スロー・ストキャスティクス」の2種類があります。前者は株価の動きに過敏に反応するためダマシが多く、**一般的にはスロー・ストキャスティクスのほうがよく使われます**。スロー・ストキャスは「%D」と、「%D」の移動平均線（パラメーターは通常3を使用）である「SD」を利用します。

チャートパターンとも併用する

　スロー・ストキャスティクスの最も基本的な使い方は、%Dが20%以下で「売られすぎ」、80%以上で「買われすぎ」と判断することです。また、%Dが80%以上でダブルトップ（98ページ参照）を形成したら売りサイン、20%以下でダブルボトムを形成したら買いサインとなります。そして、SDを%Dが下から上へ突き抜けたときが買いサイン、SDを%Dが上から下に突き抜けたときが売りサインとなり、**20%以下のところの買いサイン、80%以上のところでの売りサインはそれぞれ強いサインとなります**。

用語解説
※ %K、%D　　　%Kは、対象となる期間の変動幅のなうち、直近の価格がどの位置にあるかを示した線。%Dは、%Kを移動平均化した線。

パターン**17** 過熱感がわかるスロー・ストキャスティクス

【ユーグレナ(2931)】

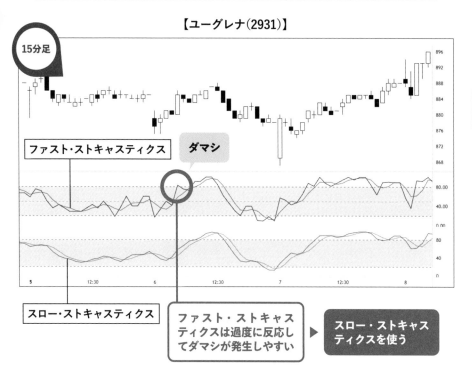

15分足

ファスト・ストキャスティクス

ダマシ

スロー・ストキャスティクス

ファスト・ストキャス
ティクスは過度に反応し
てダマシが発生しやすい

▶ スロー・ストキャス
ティクスを使う

【ユーグレナ(2931)】

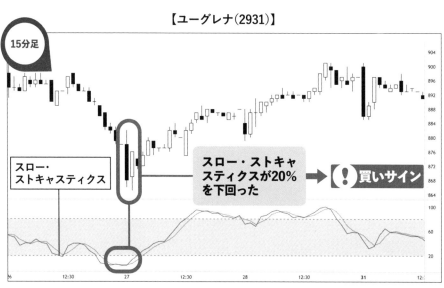

15分足

スロー・
ストキャスティクス

スロー・ストキャ
スティクスが20%
を下回った

→ ⚠ 買いサイン

個別銘柄と市場の過熱感を RCI・騰落レシオで判断

RCIと騰落レシオはそれぞれオシレーター系の指標ですが、RCIは個別銘柄、騰落レシオは市場全体の過熱感を測るものです。

押し目買い・戻り売りの判断ができるRCI

　ストキャスティクスと同様に相場の過熱感を計測できるテクニカル指標にRCI※（順位相関指数）があります。

　RCIは、日付と株価それぞれに順位を付け、両者の相関関係をグラフ化したもので、**70 〜 80％以上で「買われすぎ」、−70 〜 −80％以下で「売られすぎ」と判断するのが基本的な使い方です。**

　また、パラメーターの異なるRCIを複数表示させた場合、「長期線が上下どちらかに張り付き、短期線だけが反転したら、トレンド中の押し目買いや戻り売りのタイミングになる」と判断することもできます。

相場全体の過熱感を見る騰落レシオ

　東証プライムなど相場全体の過熱感の分析に有効なテクニカル指標に、騰落レシオがあります。一定の期間内（通常は25日を利用。5日を使う場合もある）の値上がり銘柄数を値下がり銘柄数で割って算出され、値上がり銘柄数と値下がり銘柄数が同じであれば騰落レシオは100％になります。**70％（もしくは80％）を下回ると売られすぎ、120％（もしくは110％）を超えると買われすぎと判断します。**デイトレードでも、現在の相場全体が強気なのか、それとも弱気なのか把握しておくと、買いと空売りどちらでエントリーするのかなどの判断基準としても役立ちます。

用語解説
※RCI

RCIのパラメーターは通常9が用いられることが多いが、複数表示させる場合、9、26（または36）、52の組み合わせなどが用いられる。

パターン18 相場の過熱感がわかるRCI

【信越化学工業(4063)】

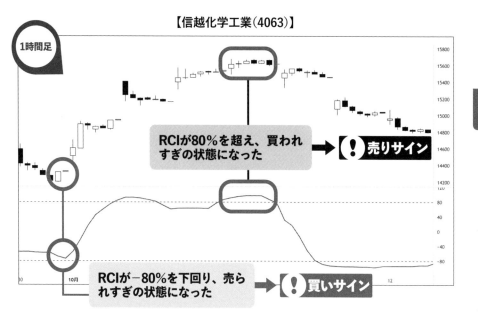

1時間足

RCIが80％を超え、買われ
すぎの状態になった → **! 売りサイン**

RCIが−80％を下回り、売ら
れすぎの状態になった → **! 買いサイン**

パターン19 相場全体の過熱感がわかる騰落レシオ

【日経平均】

日足

! 売りサイン ← 騰落レシオが120％を超え、
買われ過ぎの状態になった

https://nikkei225jp.com/data/touraku.php

出所：世界の株価と日経平均先物(https://nikkei225jp.com/data/touraku.php)

オシレーター系のなかでも人気が高いRSI

RSIはオシレーター系の指標ですが、単純な逆張り戦略ではダマシが多いため、トレンドの初動と終盤を見極める際に使うと有効です。

RSIが50％を超えた状態＝上昇トレンド

RSI（相対力指数）はオシレーター系のなかでも特に人気のあるテクニカル指標で、株価の過熱感を分析するのに役立ちます。

RSIの計算は「期間中の値上がり幅の平均÷（値上がり幅の平均＋値下がり幅の平均）」で算出します。一般的には、14日間の期間がよく使われます。

基本的な使い方として、**RSIが20 ～ 30％を下回ると「売られすぎ（買いサイン）」、70 ～ 80％を上回ると「買われすぎ（売りサイン）」と判断します**。RSIはレンジ相場の時に有効なテクニカル指標ですが、トレンドが出ているときには機能しにくいので注意が必要です。

ダイバージェンスの発生にも注目

右図の右端、RSIが50％を割る直前に注目してください。株価は上向きですが、RSIは下を向いています。

これは、**オシレーター系指標特有の「ダイバージェンス※」と呼ばれる状態です**。株価が上昇傾向にあるなかでRSIが低下しているということは上昇の勢いが落ちてきていることを意味し、トレンド転換を示唆するサインとなります。

用語解説

※ダイバージェンス　逆行現象を意味する単語。RSIだけでなく、MACDでもダイバージェンスをトレンド転換のサインとして使うことができる。

パターン**20** 過熱感とトレンドの転換がわかるRSI

【良品計画（7453）】

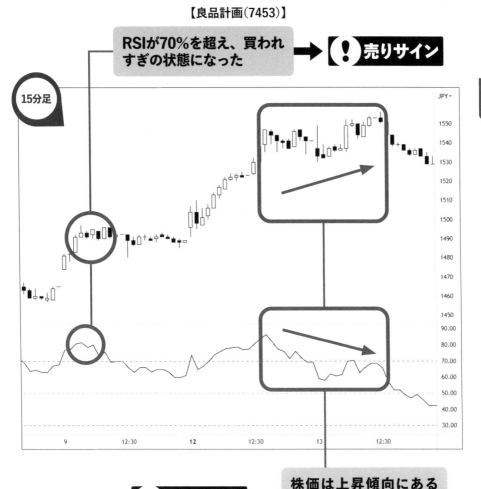

RSIが70%を超え、買われ
すぎの状態になった　　➡　**(!) 売りサイン**

15分足

(!) 売りサイン　⬅　株価は上昇傾向にある
が、RSIは低下する「ダ
イバージェンス」が発生

プロのアドバイス

上図と反対に株価が下落中にRSIが上昇する場合は下降ト
レンドの弱まりを意味し、トレンド転換を示唆します

移動平均線をアレンジした
MACD

移動平均線をアレンジしたテクニカル指標。MACD線、シグナル線、ヒストグラムを使ってトレンドの有無や相場の過熱感を分析していきます。

MACD線が先に動き、シグナル線は後追いする

「MACD線」は移動平均線の改良版で、直近の値動きを色濃く反映する指数平滑移動平均（EMA）を使って算出します。具体的には「短期EMA－長期EMA」で計算します。一般的に短期EMAは12、長期EMAは26のパラメーターを使いますが、デイトレに利用する場合、もう少し小さいパラメーターを設定する方法もあります。

「MACD線」のイメージですが、**株価が大きく上昇している場合、短期EMAは株価についていくように上昇し、長期EMAはゆったりとした動きなので短期EMAと長期EMAの差が広がります。**これがMACDが0ラインより上で上昇しているときの状態です。「シグナル線」は「MACD線」の移動平均線です（シグナルの一般的なパラメーターは9）。株価に変動があった場合、MACDが先行して動きシグナル線が後追いする形となります。

　使い方はチャートの中心の線**0ラインより下で「シグナル線」を「MACD線」が上に突き抜ければ（GC）買いのサイン、0ラインより上で「シグナル線」を「MACD線」が下に突き抜ければ（DC）売りのサイン**です。また、GCで試し買いを行い、「MACD線」が0ラインを上に抜ける（長期EMAを短期EMAが上に突き抜けるゴールデンクロス発生）ようならポジションの積み増しを行ったり、その後「ヒストグラム」がピークをつけて少なくなってきたところで一部利食い売りの検討する使い方もできます。

身につける！　MACD線が0ラインよりも上、かつ上向きに角度がある状態は、短期EMAが長期EMAよりも上にあり、上昇トレンドが発生しているといえる。

パターン21 トレンドの始まりと終わりがわかるMACD

【任天堂(7974)】

0ラインの下でMACD線
がシグナル線を上抜けた ➡ 【!】買いサイン

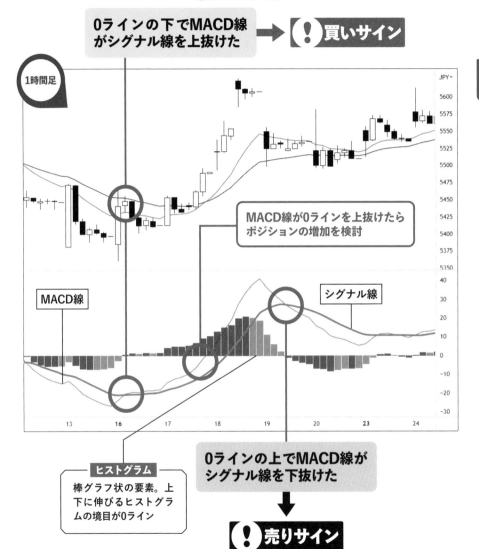

1時間足

MACD線が0ラインを上抜けたら
ポジションの増加を検討

MACD線

シグナル線

ヒストグラム
棒グラフ状の要素。上
下に伸びるヒストグラ
ムの境目が0ライン

0ラインの上でMACD線が
シグナル線を下抜けた

⬇

【!】売りサイン

プロのアドバイス

MACDはトレンドがあるときに有効に機能します。レンジ相場のときにはダマシが多くなるので注意しましょう

SMAとMACDを組み合わせる

ひとつのテクニカル指標だけを使ってもトレードできますが、異なる指標を組み合わせることでより正確な分析を行うことができます。

２つのテクニカル指標を組み合わせて正確に分析する

　ここではSMA（単純移動平均線）とMACD（86ページ）を組み合わせて、より正確にトレンド分析を行う方法を解説していきます。

　右図では、１時間足のチャート上に21SMAとMACDを表示しています。ローソク足と21SMAの関係を見ると、ローソク足がSMAを下抜ける、もしくは上抜ける（グランビルの法則買い、または売りパターン①）度にトレンドの転換が発生しており、**この動きが起こるとしばらくトレンドが継続していることがわかります。**

　次にMACDを見ると、SMAを軸にしたトレンド転換サインが発生する一歩手前で、MACD線とシグナル線のGC、DCが発生しています。

　さらに、グランビルの法則買いパターン②または③が発生した後、MACD線が０ラインを上抜けて上向きに推移しており、トレンドが強まって推移していくことが確認できます。

　これらを踏まえると、次のような戦略を立てることができます。①MACD線とシグナル線のGC、DCで目線の転換、②SMAの上抜け、下抜けで試し玉、③グランビルの法則買いパターン②または③＋MACD線の０ライン上抜け（下抜け）が確認できたら追加で押し目買い（戻り売り）、④MACD線とシグナル線のGC、DCで手仕舞い。もちろん銘柄や価格で適切なパターンは異なるので、過去のチャートを確認しましょう。

実践！　上述の①～④の戦略を活用すれば、トレンドの発生から終了までのサイクルを追いかけるトレードが可能となる。

パターン22 SMAとMACDを組み合わせたトレンドの分析

【ユーグレナ（2931）】

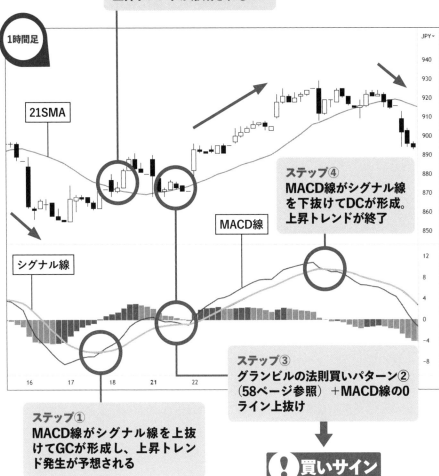

ステップ②
ローソク足がSMAを上抜け、
上昇トレンドが形成される → **⚠️買いサイン**

1時間足

21SMA

MACD線

ステップ④
MACD線がシグナル線
を下抜けてDCが形成。
上昇トレンドが終了

シグナル線

ステップ③
グランビルの法則買いパターン②
（58ページ参照）＋MACD線の0
ライン上抜け → **⚠️買いサイン**

ステップ①
MACD線がシグナル線を上抜
けてGCが形成し、上昇トレン
ド発生が予想される

プロのアドバイス

トレンドの期間によっては、デイトレードとスイングトレードのどちらでも活用できる戦略です

89

ダウ理論①　トレンドの継続

ダウ理論によると、上昇トレンドは「高値が更新され、安値が更新されない状態」と定義されており、これが続く限りトレンドが継続されます。

100年以上支持される手法

　現在の価格がトレンドなのか、それともそうでないのかを分析するうえで、「ダウ理論」は強力なツールとなります。

　ダウ理論とは、アメリカのジャーナリスト、チャールズ・ダウ※が考案したチャート分析理論を6つにまとめたものです。そのうちのひとつに「トレンド継続の条件」について述べたものがあり、**その考え方を軸にしたトレンド分析は、誕生から100年以上経った現在でも多くの投資家に愛用されています**。ここではその「トレンド継続の条件」を便宜上ダウ理論として、軸となる考え方を解説していきます。

条件をもとにトレンドを客観的に判断できる

　ダウ理論自体は非常にシンプルで、「上昇トレンド」「下降トレンド」「トレンドがない状態（レンジ）」について値動きをもとに定義します。

　上昇トレンドが継続している状態とは、右図のように「直近の値動きが前回の安値を更新せず、かつ前回の高値を更新した状態」を指します。反対に、「直近の高値を更新せず、直近の安値を更新した状態」は下降トレンドが継続していると定義され、上昇・下降トレンドとどちらの条件も満たさない場合はレンジとみなされます。主観に頼らず、トレンドの定義と合致しているかという基準で明確に判断できます。

用語解説

※チャールズ・ダウ　　1851年生まれ。ダウ理論を提唱しただけでなく、経済関連の出版・通信社「ダウ・ジョーンズ」を設立し、ダウ平均株価を算出した。

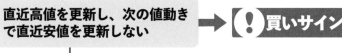

【レーザーテック（6920）】

直近高値を更新し、次の値動き
で直近安値を更新しない　→　(!) 買いサイン

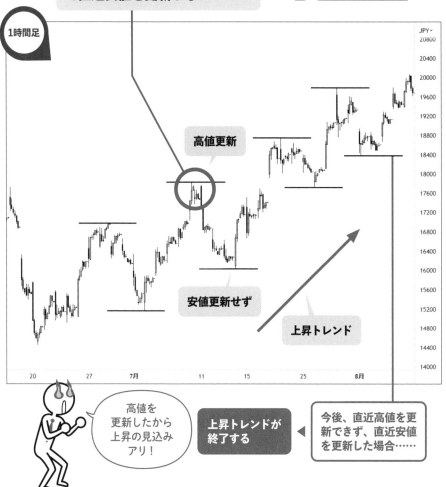

1時間足

高値更新

安値更新せず

上昇トレンド

高値を
更新したから
上昇の見込み
アリ！

上昇トレンドが
終了する　◄

今後、直近高値を更
新できず、直近安値
を更新した場合……

第3章　デイトレードで勝てるチャートパターン

プロのアドバイス

ダウ理論を用いて高値と安値に注目することで、トレンド
の継続を客観的に判断できます

ダウ理論②
トレンドの転換

トレンドの継続の条件が崩れたときはトレンドが終了し、次の相場に移るということ。そのタイミングでトレード手法を変更しましょう。

下降トレンドでは売りが基本

　右上図は、日足チャートにダウ理論で必要となる直近高値・直近安値のラインを引いたものです。チャート前半から下落が続いており、チャート中盤まで直近高値を更新せず、直近安値を更新する「下降トレンド継続」の条件を満たしていることがわかります。

　こうしたチャート中盤までの状況を踏まえると、**スキャルピングなどの短期売買では「基本方針は売り」**で、一度調整したタイミングで新規で入る、もしくはトレンドが更新したことを確認して順張りするといった戦略が考えられます。

相場が変わればスタイルを切り替える

　一方、右上図の右端（現在値）を見ると、安値を更新せずに跳ね返されており、そのまま高値のラインに近づいています。まだ下降トレンドは崩れていないものの、**長期間揉み合っており、前半のように一方的に売りが優勢という状況ではないので、レンジを前提としたトレードに切り替える必要があります。**

　このチャートを少し先に進めたのが右下図です。高値を更新し、下降トレンドが崩れたことがわかります。直近の高値を更新していけば上昇トレンドとなるので、そうなれば目線を買いに変更するとよいでしょう。

身につける！　ローソク足が下降していて、下降トレンドのように見えても、上昇トレンドの継続条件が崩れるまでは上昇トレンドとして扱う。

パターン24 トレンド転換がわかるダウ理論

【良品計画（7453）】

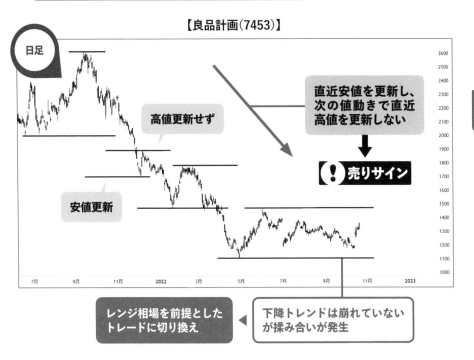

日足

高値更新せず

安値更新

直近安値を更新し、次の値動きで直近高値を更新しない

⬇

(!) 売りサイン

下降トレンドは崩れていないが揉み合いが発生

レンジ相場を前提としたトレードに切り換え

【良品計画（7453）】

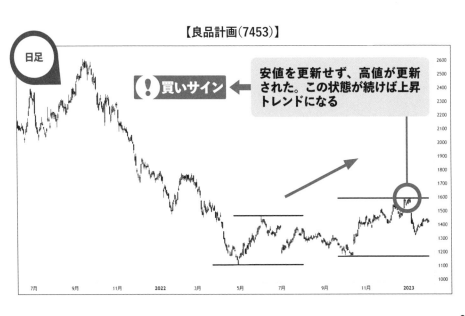

日足

(!) 買いサイン

安値を更新せず、高値が更新された。この状態が続けば上昇トレンドになる

ダウ理論③
テクニカル指標との併用

ダウ理論は、テクニカル指標と組み合わせて使うことができ、特に移動平均線といったトレンド系の指標と相性がよいです。

200日SMAからもトレンドを分析する

　ここではダウ理論の応用編として、ほかのテクニカル指標と組み合わせた分析方法を解説していきます。すでに解説したように、ダウ理論はトレンド継続を定義する分析手法であるため、基本的に**テクニカル指標もトレンド系のものと相性がよいです。**

　例えば、ダウ理論と移動平均線は、長期トレンドの分析に適した組み合わせです。右上図は93ページで使ったチャート上に200日SMAを表示したもので、チャート前半から中盤までダウ理論で下降トレンドが継続している状況では、200日SMAも下向き、かつローソク足も200日SMAの下側にあるため、下降トレンドの発生を裏付けています。一方、ダウ理論における下降トレンドが崩れると、ローソク足が200日SMAを上抜け、さらに200日SMA自体も下向きから傾斜がなだらかになり始めているため、上昇トレンドへの反転の可能性が高まっていると分析できます。

MACDと組み合わせる

　いち早くトレンド転換を把握したい場合は、MACDを組み合わせるのも手です。チャート中盤まで、ダウ理論では下降トレンドが継続しており、さらにMACDを見るとダイバージェンス（84ページ参照）が発生していることから、**ローソク足には現れない売り圧力の増減がわかります。**

プラスα　オシレーター系のテクニカル指標であるRCIと組み合わせる場合は、売られすぎを示すポイントで上昇トレンドの押し目を狙える。

パターン25 ダウ理論と200日SMAを使ってトレンドを確認する

【良品計画（7453）】

日足

200日SMA

ダウ理論上において下降トレンドが崩れると、200日SMAの傾斜がなだらかになった

ここ以降、安値が更新されず下降トレンドが終わる

パターン26 ダウ理論とMACDを使ってトレンドを確認する

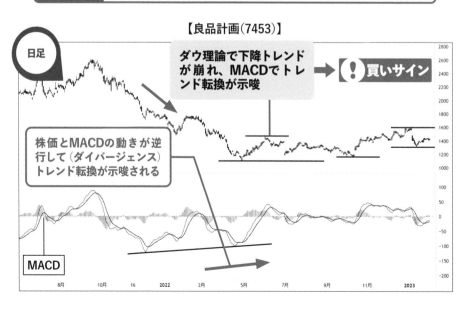

【良品計画（7453）】

日足

ダウ理論で下降トレンドが崩れ、MACDでトレンド転換が示唆 → **(!) 買いサイン**

株価とMACDの動きが逆行して（ダイバージェンス）トレンド転換が示唆される

MACD

チャートの形から分析する チャートパターン

テクニカル指標を使った分析のほかに、ローソク足の形だけでこれから買われるか、売られるかを判断する「チャートパターン」の手法があります。

投資家やトレーダーの心理が株価を動かしている

　　ここからはデイトレードを行う際に重要な要素である、「チャートパターン」を使った分析方法を解説します。チャートパターン分析とは、複数のローソク足をひとかたまりの「パターン」とみなし、そこから読み取れる情報をもとに、将来的な株価の推移を予想する分析手法のことです。

　　株価とは一見ランダムに動いているように思えますが、**その動きをつくるのは、実際に株を売買している投資家※やトレーダーの「心理」です。**市場参加者は、テクニカル指標などの判断材料をもとに「将来、株価はこう上がっているだろう」と予想し売買します。その判断材料のなかで最もわかりやすいのがチャートの「かたち」です。

ローソク足の組み合わせから将来的な株価を判断する

「将来的に株価が上がりやすいローソク足の組み合わせ」がチャートに現れると、それを知っている多くの市場参加者が買いを意識しますし、空売りを行うトレーダーは決済の買いを行うかもしれません。つまり、市場参加者に意識されやすいチャートパターンを知っておくと、**特定の条件を満たした際に買われやすくなるのか、それとも売られやすくなるのかを判断しやすくなるわけです。**チャートパターンは基本的なものさえ理解しておけばすぐにトレードに活かせるので、ぜひ覚えておきましょう。

用語解説	
※投資家	デイトレードをはじめ、短期売買を行う人（トレーダー）と区別するため、中長期投資を行う人を「投資家」と呼ぶ。

チャートパターンで値動きを予測する

【トヨタ自動車（7203）】

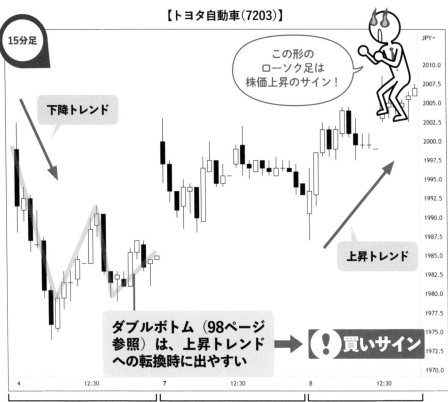

15分足

この形の
ローソク足は
株価上昇のサイン！

下降トレンド

上昇トレンド

ダブルボトム（98ページ
参照）は、上昇トレンド
への転換時に出やすい

【!】買いサイン

前日　　　当日　　　翌日

昨日は空売りを
利確するために
たくさん買い戻した

ダブルボトムが
前日に出てたから
今日は買いを
入れておこう

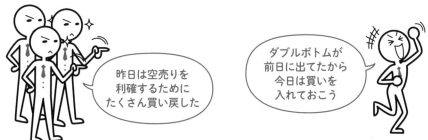

プロのアドバイス

株価は投資家やトレーダーの心理によって動くため、「決
まった値動きのパターン」ができやすくなります

ダブルトップ・ダブルボトム

ダブルトップは相場の天井を示し、ダブルボトムは相場の底を示します。どちらも代表的なチャートパターンで、多くのトレーダーに意識されます。

投資家心理によってトレンドが転換する

　チャートパターンのなかでも最もポピュラーなのが「ダブルトップ」と「ダブルボトム」でしょう。この2つは鏡合わせになっており、ダブルトップの場合は、上昇トレンドが発生した後、一度高値を付けて調整してから反発するものの、前回高値とほぼ同値を付け下降するパターンです。高値と高値の間で付けた安値から引いたライン（ネックライン）を下抜けると、下降トレンドへの反転サインと考えられています。ダブルボトムはその逆で、下降トレンドで安値を付けてから反発し、その後反落するものの、全体の安値を下回らずに反発し、そのまま上昇していくパターンで、こちらもネックラインを上抜けると上昇トレンドへの反転サインとなります。

　これが反転サインとして機能する理由には、**投資家やトレーダーの心理が関わっています**。ダブルトップを例に考えてみましょう。

　上昇トレンドが発生したとき、安値から買っている投資家は、自分の利益を最大化させられる決済ポイントを探します。反対に、高値を掴んでしまった投資家は、含み損※を増やさずに撤退できるポイントを探します。

　最初の高値で利確もしくは損切りをしそびれた投資家は、次の上昇で高値を超えられなければ「もう上がらないな」と判断し、撤退し始めます。そして、ネックラインの下抜けはわかりやすい目印となるので、下降トレンドへの反転が意識されやすくなるのです。

用語解説
※含み損　　　　　　　買ったときよりも株価が下がり、仮にこのまま売却すれば損失が出る状態。

パターン27 下降トレンドへの転換を示すダブルトップ

【吉野家HD（9861）】

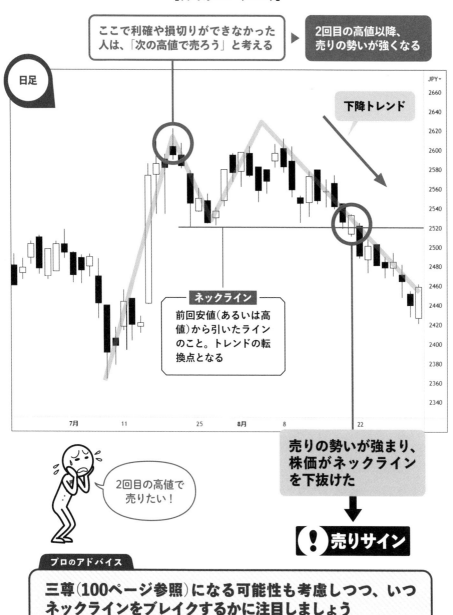

ここで利確や損切りができなかった人は、「次の高値で売ろう」と考える

2回目の高値以降、売りの勢いが強くなる

日足

下降トレンド

ネックライン
前回安値（あるいは高値）から引いたラインのこと。トレンドの転換点となる

2回目の高値で売りたい！

売りの勢いが強まり、株価がネックラインを下抜けた

⚠ 売りサイン

プロのアドバイス

三尊（100ページ参照）になる可能性も考慮しつつ、いつネックラインをブレイクするかに注目しましょう

相場の天井と底がわかる
三尊・逆三尊

ダブルトップやダブルボトムは２つの高値(または安値)を付けるチャートパターンですが、三尊や逆三尊は３つに増えたパターンです。

３つの高値(あるいは安値)をつくってトレンドが変わる

　ダブルトップやダブルボトムと同じく、相場の反転を示す「三尊」「逆三尊」も確実に覚えておきたいチャートパターンです。

　三尊は３つの山（高値）、逆三尊は３つの谷（安値）で構成されており、真ん中の山（谷）が一番高い（低い）形状となります。そして、三尊は３つの山の間にできる２つの安値、逆三尊は３つの谷の間にできる２つの高値を結んだ線がネックラインとなり、それぞれ**株価がネックラインを上抜け、下抜けることで三尊、逆三尊が形成され、トレンドの反転サイン**となります。

上昇トレンドの勢いが足りず三尊がつくられる

　三尊が反転サインとして意識されている理由は、真ん中の高値が形成されてトレンドが継続すると思われた矢先、勢いが足りずに３つ目の山が高値を超えられずに反落することで、上昇トレンドの継続失敗が明確になって、**上昇トレンドの終わりが強く意識され、その後のネックライン下抜けとともにさらに売り圧力が強まる**ためです。

　三尊、逆三尊は大相場の後に出現することが多く、出現回数は少ないものの市場参加者に意識されやすく、トレンドの転換点となる可能性が高いチャートパターンといえます。

実践! ▶ 海外でも三尊はヘッド＆ショルダーズ・トップ、逆三尊はヘッド＆ショルダーズ・ボトムと呼ばれ、注目されるチャートパターンです。

パターン28 トレンドの天井を示す三尊

【ソニーグループ（6758）】

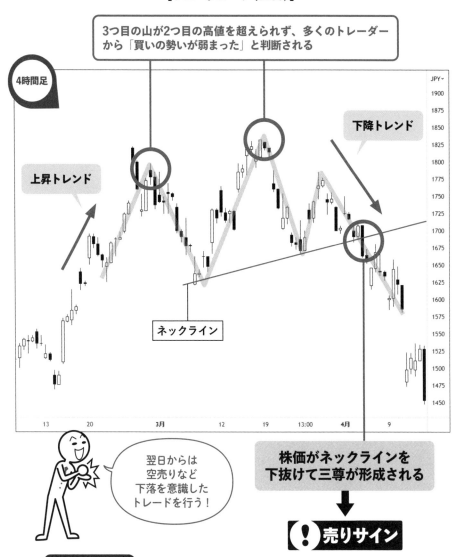

3つ目の山が2つ目の高値を超えられず、多くのトレーダーから「買いの勢いが弱まった」と判断される

4時間足

下降トレンド

上昇トレンド

ネックライン

JPY
1900
1875
1850
1825
1800
1775
1750
1725
1700
1675
1650
1625
1600
1575
1550
1525
1500
1475
1450

13　20　3月　12　19　13:00　4月　9

翌日からは空売りなど下落を意識したトレードを行う！

株価がネックラインを下抜けて三尊が形成される

（！）売りサイン

プロのアドバイス

同時に、株価がSMAを下抜けたり、グランビルの法則売りパターン①が発生していれば、より精度が上がります

101

迷いの心理が現れる
三角保ち合い

三角保ち合いは、レンジ相場の一種です。ローソク足が三角形のラインを突き抜ければ、その方向にトレンドが形成されやすくなります。

「迷い」によって売りと買いの勢いが拮抗する

　チャートパターンのなかには、「市場参加者の迷い」を表すものもあります。その代表例が「三角保ち合い」です。株価は、仮に売買のバランスが売りと買い、どちらか一方に偏った場合はトレンドが発生し、トレンドが終了すると株価の変動が一定の範囲に収まるレンジ相場となり、レンジ相場が終わるとトレンド相場……と、下降・上昇・停滞を繰り返しながら変動していきます。三角保ち合いはこのレンジ相場の種類のひとつで、**株価の変動が徐々に先細り、三角の形になる状態のこと**を指します。

形によって使いやすさが違う

　三角保ち合いには、①上昇と下降が均衡した二等辺三角形、②上辺が水平で下辺に傾斜のある三角形、③上辺に傾斜があり下辺が水平な三角形、この３つの形状があります。

　３つのなかで最も株価の先行きが読みづらいのが①です。売りと買いが拮抗して市場参加者も値動きを判断しづらいため、仮に先端部分で上辺や下辺を抜けたとしてもダマシになることもあるため、明確にトレンドが決まってからトレードするようにしましょう。一方で②や③は、水平なラインを抜けるとその方向に抜けやすく、特に**上昇トレンド中の②、下降トレンド中の③は順張りのエントリーポイント**に適しています。

身につける！　上昇トレンドで出る「上辺が水平の三角保ち合い」、下降トレンドで出る「下辺が水平の三角保ち合い」は順張りのエントリーポイント。

パターン29 売りと買いの均衡を表す三角保ち合い

【ディップ（2379）】

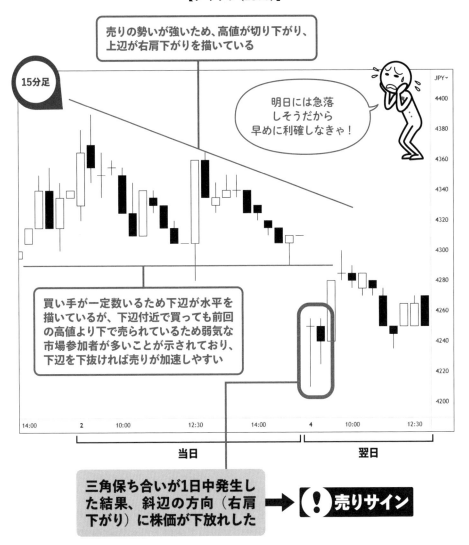

> 売りの勢いが強いため、高値が切り下がり、上辺が右肩下がりを描いている

> 明日には急落しそうだから早めに利確しなきゃ！

15分足

> 買い手が一定数いるため下辺が水平を描いているが、下辺付近で買っても前回の高値より下で売られているため弱気な市場参加者が多いことが示されており、下辺を下抜ければ売りが加速しやすい

当日　翌日

三角保ち合いが1日中発生した結果、斜辺の方向（右肩下がり）に株価が下放れした ➡ **(!) 売りサイン**

プロのアドバイス

綺麗な二等辺三角形を形成している場合は、上昇・下落の予測を立てづらいため、ほかの指標も利用しましょう

そのほかの保ち合い　ウェッジとフラッグ

ウェッジとフラッグ、どちらも一定の方向に進みながら保ち合いの状態を形成するチャートパターンです。最終的に株価がどこに進むかを覚えましょう。

上昇トレンドや下降トレンド中に現れるウェッジ

　保ち合いのチャートパターンとして「ウェッジ」や「フラッグ」も覚えておきましょう。ウェッジは、日本語に訳すと「くさび形」を意味し、高値と安値が切り上げ（下げ）ながら先細るチャートパターンのことで、三角保ち合いの派生ともいえます。

　上昇ウェッジは上昇局面・下降局面どちらで出ても下落の兆しとなり「売り」のサインです。安値と比較して高値の切り上げ幅が徐々に狭くなっているため、買い手の勢いが弱くなっていると判断できるからです。下降ウェッジは反対に「買い」サインとなります。高値と比較して安値の切り上げ幅が小さくなっているため、売り手の勢いが弱くなっていると判断できるからです。

　フラッグは、トレンドの途中で高値と安値が平行に切り上げ（下げ）るチャートパターンです。チャートパターンができる前の上昇や下降を「ポール」といいます。上昇局面で右肩下がりの上昇フラッグが出た場合は「買い」、下降局面で右肩上がりの下降フラッグが出れば「売り」のサインとなります。フラッグは上昇フラッグであれば上辺、下降フラッグであれば下辺をそれぞれ株価がブレイクすれば完成です。**ポールと同じ方向にブレイクした（抜けた）場合は基本的に「トレンド継続」の重要なサインです。**デイトレードでもエントリーポイントとして使いやすいです。

身につける！　フラッグのブレイク後はトレンド方向に株価が伸びていきやすくなるため、フラッグの前のトレンドを確認する。

パターン**30** 株価の上昇を表す下降ウェッジ

【本田技研工業（7267）】

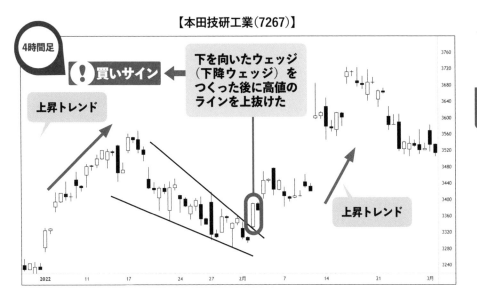

4時間足

！買いサイン

下を向いたウェッジ（下降ウェッジ）をつくった後に高値のラインを上抜けた

上昇トレンド

上昇トレンド

パターン**31** 株価の下落を表す下降フラッグ

【花王（4452）】

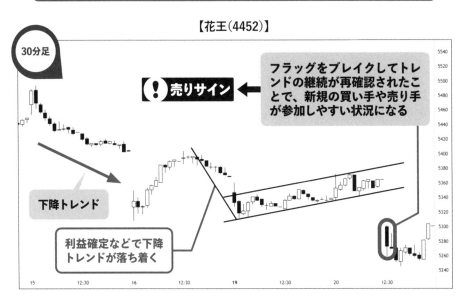

30分足

！売りサイン

フラッグをブレイクしてトレンドの継続が再確認されたことで、新規の買い手や売り手が参加しやすい状況になる

下降トレンド

利益確定などで下降トレンドが落ち着く

支持線と抵抗線が水平になるボックス

保ち合いのチャートパターンの最後はボックスです。ほかのパターンと違い、水平に引かれた線の間を株価が往復するイメージです。

2本の水平な線の間で株価が変動する

　相場の保ち合いを示すサインのなかで、「ボックス」もよく意識されます。ボックスは、読んで字の如く「箱」状のパターン。**株価が安値から水平に引いたライン（支持線）を下抜けず、高値から水平に引いたライン（抵抗線）を上抜けずに推移する状態を指します。**

　直近の高値や安値から引いた水平線付近で株価が反発するような場合は、ボックスが市場参加者に意識されていると考えてよいでしょう。

ボックス内で逆張りを行う

　ボックスが出現した場合の対応は、「ボックス内での逆張り」「支持線、抵抗線のブレイクを狙った順張り」の2つがあります。

　前者は支持線や抵抗線で反発（＝ボックス内に戻す動き）があればその方向に向かってエントリーします。この際、RSIなどのレンジ相場に強いオシレーター指標を組み合わせると反発を見極める精度が上がるのでおすすめです。

　後者は、支持線や抵抗線をブレイクする動きに合わせ、その方向に向かってエントリーします。**ボックスをブレイクして保ち合いが崩れると、上昇や下降に勢いがつきやすくなります。**その勢いを利用して値幅を取るイメージです。プルバック※を待ってエントリーするのも有効です。

用語解説
※プルバック　　　　　　利食い売りなどによってボックスの抵抗線や支持線近辺まで戻ること。

【MonotaRO（3064）】

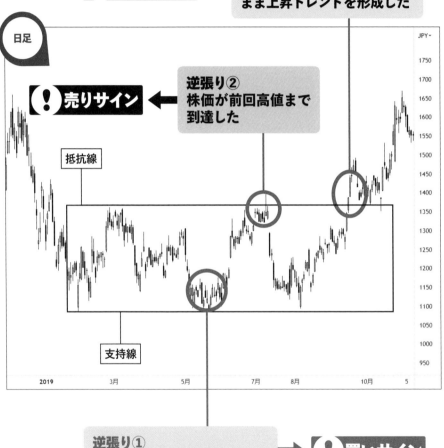

順張り
株価が抵抗線を上抜け、そのまま上昇トレンドを形成した

買いサイン

逆張り②
株価が前回高値まで到達した

売りサイン

抵抗線

支持線

逆張り①
株価が前回安値まで到達した

買いサイン

日足

2019　3月　5月　7月　8月　10月　5

JPY

1750
1700
1650
1600
1550
1500
1450
1400
1350
1300
1250
1200
1150
1100
1050
1000
950

第**3**章 デイトレードで勝てるチャートパターン

プロのアドバイス

ボックス内で株価が上昇しているときは、デイトレードでも利益を伸ばしやすくなります

銘柄の人気度を示す
出来高

出来高は、株価チャート上に棒グラフとして表示される指標であり、出来高が多い銘柄は勢いや人気があると判断できます。

売買が成立した株数を表す指標

出来高とは、一定期間内に「売買が成立した株数」をグラフ化した指標。対象となる個別株や指数の勢いや人気を判断でき、特に株式投資では欠かせない要素です。

出来高が多ければその銘柄や市場の取引が活発になっていると判断でき、反対に出来高が少なければ取引が少なく、投資家の関心が集まっていないことがわかります。

セリング・クライマックスでの出来高に注目する

覚えておきたいのは、「出来高は株価に先行する」傾向があるという点。特に、下降トレンド終盤に発生する「セリング・クライマックス」の発生時にこの傾向がよく見られます。

株価がジリジリと下がり続けると、含み損を抱えた投資家やトレーダーが「もう損切りしたい」と考え、投げ売りが集中して株価が急落します。この状態がセリング・クライマックスです。セリング・クライマックスによって悪材料が出尽くすと、その後は上昇トレンドに反転していきます。セリング・クライマックスでは売りを中心に売買が増え、出来高も増加しやすくなるため、**出来高の急増を伴った急落は相場の大底を知らせるサインとして、上昇トレンドへの転換を狙ったトレードに活用できます。**

身につける！ 出来高の大きなローソク足は大きな意味をもつ。例えば抵抗線をブレイクした際、出来高を伴っていればトレンドが転換した可能性が高まる。

パターン33 銘柄の人気度やトレンドの終わりがわかる出来高

【任天堂（7974）】

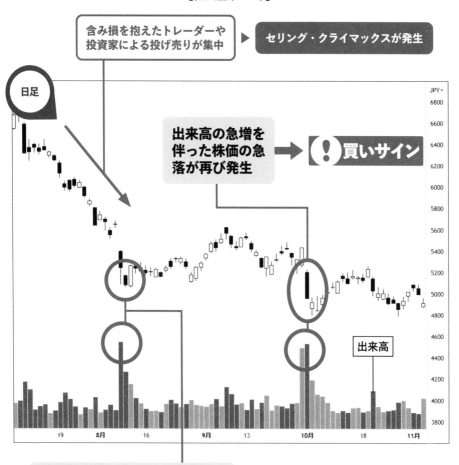

含み損を抱えたトレーダーや投資家による投げ売りが集中 ▶ セリング・クライマックスが発生

日足

出来高の急増を伴った株価の急落が再び発生 ▶ ❗買いサイン

出来高

出来高が急増し、かつ株価が下落したことで下降トレンドがピークを迎える ▶ ❗買いサイン

プロのアドバイス

出来高が急増した銘柄のランキングを発表する証券会社などがあるため、銘柄探しに活用するとよいでしょう

意識される価格がわかる
価格帯別出来高

価格帯別出来高は、どの価格帯での取引量が多いかを示す指標です。通常の出来高ではわからない「市場参加者が意識する価格」がすぐにわかります。

出来高が多い価格帯は抵抗線・支持線になる

　出来高には先ほど紹介したもの以外にも種類があります。なかでもデイトレードで使いやすいのが「価格帯別出来高」です。これは、一定期間内の出来高を価格帯ごとにグラフ化したテクニカル指標で、通常、右図のように株価チャートに対して横向きで表示されます。

　価格帯別出来高を表示することで得られるメリットは、**過去、投資家によって注目された（もしくはされなかった）価格帯がわかる**という点でしょう。右図は、価格帯別出来高と株価の関係を示したものですが、この図において最も注目された価格帯は出来高が最も多い6100円〜6350円付近です。価格帯別出来高が多いということは、投資家によって売買が成立した株数が多いということ。

　これを踏まえてチャートの推移を見ると、6100円〜6350円の間で株価が揉み合った後、6750円ほどまで上昇し、再び6100円〜6350円の間で揉み合いが起きています。このとき、最初の揉み合いで買いを入れ、6700円台になっても利確しなかった人は、2回目の揉み合いの価格帯を下抜けると含み損が発生してしまうため、損切りを考えるポイントとなるはずです。

　つまり、**出来高が多い価格帯は抵抗線や支持線として機能し、出来高が少ない価格帯は急騰・急落が起こりやすい**といえるのです。

> **身につける！** 出来高が少ない価格帯は株価が早く動いて急騰や急落が起こりやすいので、それを意識しながらトレードができるとよいだろう。

パターン34 抵抗線・支持線として機能する価格帯別出来高

【ソフトバンクグループ（9984）】

出来高の多い価格付近で
株価が反落している ▶ 抵抗線（106ページ参照）
として機能している

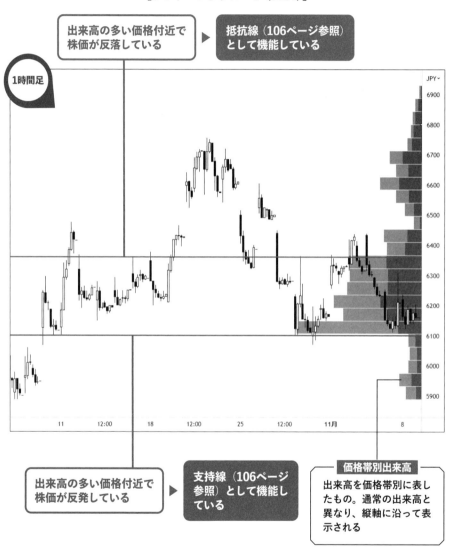

1時間足

価格帯別出来高
出来高を価格帯別に表し
たもの。通常の出来高と
異なり、縦軸に沿って表
示される

出来高の多い価格付近で
株価が反発している ▶ 支持線（106ページ
参照）として機能し
ている

プロのアドバイス

出来高の多い価格帯が、現在値より上にあると抵抗線とし
て機能し、下にあると支持線として機能します

即金規制時の売買方法①
特有の値動きを把握する

即金規制がかかった後の値動きには特定の傾向があり、それをトレードに利用することができます。まずは規制後の値動きを把握しましょう。

新規上場銘柄の上場初日の売買が成立しなかったときに適応

　新しく上場する銘柄は、上場前の注文で過熱感が高まりすぎると、上場初日の15時を迎えても売買が成立せず、初値※が付かないことがあります。そうしたとき、**相場の加熱を抑えるために適応される制度が即金規制（即日現金徴収規制）です。**即金規制がかかると、現金でしか取引できません。さらに、①成行買い（28ページ参照）ができない、②信用取引（32ページ参照）で買いを入れられない、③ほかの銘柄を売却した受け渡し代金で買いを入れられない、といった制限がかかります。

　即金規制がかかった後の値動きには、特定の傾向があります。まず、即金規制後に高い株価で寄り付いた場合、値が保てずに株価がいったん下落するケースが多くあります。なぜなら信用取引の買いが入れられないなど、現金がないと取引できない状態になっていて、その銘柄を購入できる資金が少ない状態だからです。しかし、即金規制がかかっても寄り付けば翌日には即金規制が解除され、その銘柄が買われやすくなります。そうした流れを先読みして、市場参加者が買いを入れてきます。

　つまり、即金規制がかかった銘柄でよくある値動きとしては、初値が付いた後に下落し、下がりきったところで横ばいになって、**次第に翌日の即金規制解除を狙った買いが入り、上昇していくパターンです。**これを踏まえ、114ページで具体的なエントリー方法を解説していきます。

用語解説	
※初値	新規銘柄が上場し、はじめて売買が成立したときの値段。また、本ページにおける「寄り付く」は、初値が付くという意味になる。

即金規制後の値動きの特徴

【スマサポ(9342)】

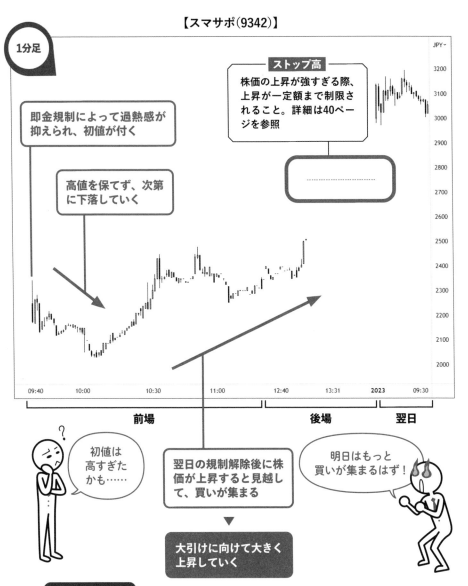

1分足

即金規制によって過熱感が抑えられ、初値が付く

高値を保てず、次第に下落していく

ストップ高
株価の上昇が強すぎる際、上昇が一定額まで制限されること。詳細は40ページを参照

JPY ~
3200
3100
3000
2900
2800
2700
2600
2500
2400
2300
2200
2100
2000

09:40　10:00　10:30　11:00　12:40　13:31　**2023**　09:30

前場　　　　　　後場　　　翌日

初値は高すぎたかも……

翌日の規制解除後に株価が上昇すると見越して、買いが集まる

▼

大引けに向けて大きく上昇していく

明日はもっと買いが集まるはず!

プロのアドバイス

上昇が前場で終わるなど特殊な動きもあるので、MACDや歩み値を見て早めの決済を検討してもよいでしょう

即金規制時の売買方法②
リバウンドを狙う

即金規制時の値動きを利用し、リバウンドを狙った戦略を立てましょう。細かな動きに対応できるよう、ローソク足は1分足がおすすめです。

MACDを使ってリバウンドでの買いを狙う

即金規制時のエントリーは、基本的に「買い」です。即金規制がかかり、寄り付いてから（当日の前場に寄り付くことが多い）**いったん下落したところでリバウンドを狙うのが基本戦略となります。**

具体的なエントリーポイントは、1分足チャートとMACDを組み合わせて探すのがおすすめです。MACD線がシグナル線を上抜けたタイミング（MACDについては86ページ参照）をリバウンドの初動と判断します。

ダマシの判断にはMACD線の0ライン上抜けを活用

ただし、ダマシになるケースも多くあります。最初は小さい株数で入り、**MACD線が0ラインを超えるなど、順調に上昇すると判断できたときに買い増すことで、より精度が上がります。**可能であれば、リバウンドを判断する際に「歩み値※」を見るのもよいでしょう。大口の投資家がしっかり買ってきていれば、それも買いの材料となります。

うまくエントリーできた場合、MACDが売り転換（MACD線がシグナル線をDC）したところか、MACDのヒストグラムがピークを越えて下り坂になったところで決済します。近年の相場ではリバウンドしても前場だけの上昇で終わってしまうケースもあり、早めの利益確定かロスカットを心がけるとよいでしょう。

用語解説

※歩み値 　　　　　取引時間中の株価を時系列で表したもの。時刻と約定価格がセットで表示される。詳細は180ページ参照。

パターン35 即金規制時のMACDを使った戦略

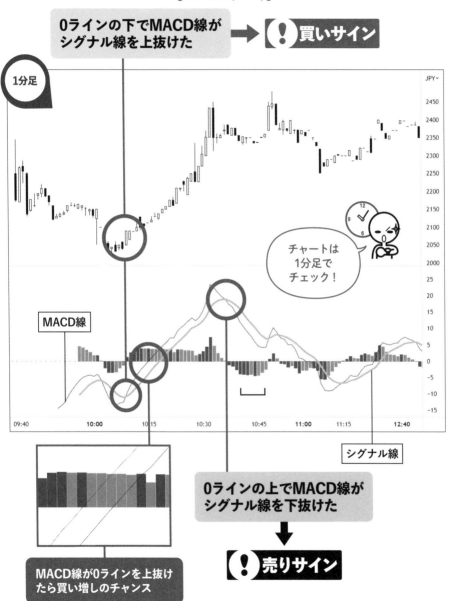

【スマサポ(9342)】

0ラインの下でMACD線が
シグナル線を上抜けた → （！）買いサイン

1分足

チャートは
1分足で
チェック！

MACD線

シグナル線

0ラインの上でMACD線が
シグナル線を下抜けた

（！）売りサイン

MACD線が0ラインを上抜け
たら買い増しのチャンス

※チャートツールによってテクニカル指標の形に差異が見られるため、本ページではサインが現れやすいよう、MACDのパラメーターを「9、12、7」に設定(通常は「12、26、9」が多い)

115

問題❶──SMAとMACDのポイント

Q エントリーと決済のポイントはどこ？

【サイボウズ（4776）】

2つのテクニカル指標から見るサイン

　まずはテクニカル指標を複数組み合わせた場合のエントリー、決済の問題です。

　上の画像はサイボウズ（4776）の5分足チャートで、前半で下降気味だったのが中盤から上昇トレンドに転換しています。縦線のポイント以降、チャート上で表示している21SMAとMACDを参考にすると買いエントリーから決済（利益確定）までを示すサインが出ています。具体的なポイントを考えてみてください。

練習

問題❷——チャートパターンのポイント

Q 下降と上昇を示す パターンは何？

【良品計画（7453）】

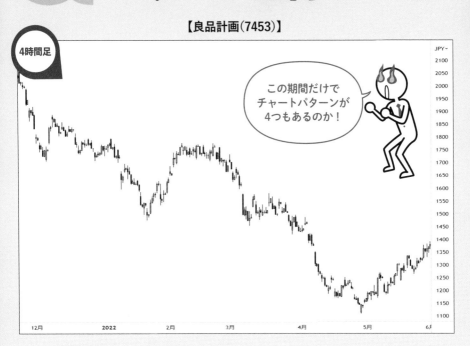

この期間だけで
チャートパターンが
4つもあるのか！

第3章 デイトレードで勝てるチャートパターン

複数のチャートパターンを探す

　次はチャートパターンについての問題です。上のチャートは良品計画（7453）の4時間足チャートです。大きな目線では下降トレンドが続いていますが、途中でいくつか戻り売りや反転を狙って買いでエントリーできるポイントがあります。

　その際、エントリーの参考になるチャートパターンが合計4つあるので、チャート上から探してみましょう。

練習

解答❶——SMAとMACDのポイント

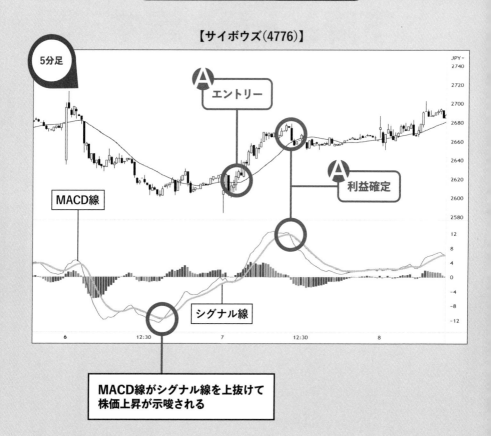

【サイボウズ(4776)】

5分足

エントリー

利益確定

MACD線

シグナル線

MACD線がシグナル線を上抜けて
株価上昇が示唆される

SMAの上抜けとMACD線のクロス

　正解は、チャート上に丸で囲んだポイントでした。

　まず、下降気味だったチャート前半ですが、チャート中盤になると移動平均線が横ばいになりつつ、MACDはMACD線がシグナル線をゴールデンクロスしているため、転換の可能性が読み取れます。翌日市場が開いた直後、ローソク足がSMAを上抜け、株価の上昇が示唆されたため、ここがエントリーポイントとなります。その後、ローソク足の下抜けとMACD線とシグナル線のデッドクロスが重なったポイントで決済です。

練習

解答❷──チャートパターンのポイント

【良品計画(7453)】

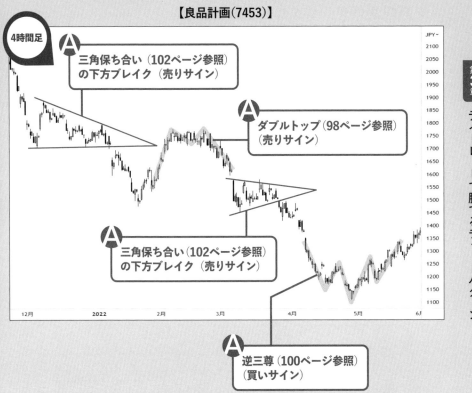

4時間足

Ⓐ 三角保ち合い（102ページ参照）の下方ブレイク（売りサイン）

Ⓐ ダブルトップ（98ページ参照）（売りサイン）

Ⓐ 三角保ち合い（102ページ参照）の下方ブレイク（売りサイン）

Ⓐ 逆三尊（100ページ参照）（買いサイン）

JPY
2100
2050
2000
1950
1900
1850
1800
1750
1700
1650
1600
1550
1500
1450
1400
1350
1300
1250
1200
1150
1100

12月　2022　2月　3月　4月　5月　6月

第3章 デイトレードで勝てるチャートパターン

下降を示すパターンが3つ出現

　ひとつ目は、チャート前半に出現した三角保ち合いです。このケースでは、下降トレンドで出現し、下辺を下抜けるとトレンドが継続するサインとなります。2つ目は、チャート中盤のダブルトップ。引きで見ると戻り売りのチャンスです。3つ目は、再び出現した三角保ち合い。前半と異なりこちらは売りと買いが均衡していますが、下辺を下抜けて以降は下降トレンドの勢いが強まっています。最後は、チャート終盤に出た逆三尊で、ネックラインを上抜けて以降、上方向への勢いが出ています。

119

株式の売買には手数料がかかる

手数料定額サービスなどを活用する

　通常、株式を売買するごとに手数料がかかります。例えば、SBI証券（現物取引スタンダードプラン）の場合、約定代金が5万円までは手数料が55円、10万円までは99円、20万円までは115円……といった具合です（いずれも税込。2023年1月時点）。しかし、売買の回数が多いデイトレードやスキャルピングでは、手数料が利益を上回る可能性があります。

　そこで、デイトレードやスキャルピングを行う際は、1日の約定代金に応じて手数料がかかるプランを選択するとよいでしょう。SBI証券（現物取引アクティブプラン）の場合、1日の約定代金が100万円までなら手数料は0円、200万円までなら1238円（税込）です。

　こうしたプランは、各証券会社で提供されています。ただし、このプランでは「国内現物取引」と「国内信用取引」で、それぞれ別口として約定代金合計や手数料が計算・加算されることがある点には留意しましょう。

主な証券会社の手数料定額プラン

1日の 約定代金合計	SBI証券 アクティブプラン	楽天証券 いちにち定額コース	松井証券 ボックス レート手数料
50万円まで	0円		
100万円まで	0円		1100円
200万円まで	1238円	2200円	2200円
300万円まで	1691円	3300円	3300円
…	…	…	…

※いずれも税込。2023年1月時点。すべて国内株式の現物取引における手数料

スイングトレードの基本

スイングトレードで勝てるチャートパターン

スイングトレードでは数日〜数週間かけて決済します。慎重にエントリーを行える分、複雑な指標やチャートパターンを活用するチャンスも増えます。

Keywords

●基本	●移動平均線
●BB	●HV
●GMMA	●DMI
●一目均衡表	●サイコロジカル
●フィボナッチ	●複数の指標
●パラボリック	●酒田五法
●エンベロープ	●天井・底

スイングトレードの基本①
基本戦略

デイトレードは利益を積み重ねる手法ですが、スイングトレードでは1回の売買に時間をかける分、より大きな値幅を狙うことになります。

基本戦略は逆張りより順張り

スイングトレードでも信用取引の空売り（32ページ参照）を利用すれば売りのポジションを保有することができますが、保有する期間が長くなるほど、貸株料や逆日歩（ぎゃくひぶ）※などの金利がかかります。そのため、空売りを中心とした戦略はトレードに慣れてからがよいでしょう。

スイングトレードでは毎日相場に張り付く必要はないですが、その分、一度の取引で大きな値幅を狙うことになります。そのため、**基本的なスタンスとしては順張り（トレンドフォロー）**となり、トレンドに沿った売買を行います。また、損切り幅も大きく取る必要があるため、1回の取引におけるリスクは大きめであることにも注意が必要です。

ローソク足は比較的大きめの時間軸で見る

スイングトレードで見るべきローソク足は1時間足、4時間足、日足、週足が中心です。まずは**日足や週足などの長期足で全体のトレンドを確認し、エントリーすべきポイントを時間足で探します。**

比較的大きめの時間軸を見るので、デイトレードと比較して必然的にエントリーチャンスが減るため、精緻な分析が必要ですし、何よりチャンスをじっくりと待つ忍耐強さも不可欠です。

用語解説

※貸株料・逆日歩　　貸株料は、売方（空売りを行う人）が、株式を借りるために払う費用。逆日歩は、貸借される株式が不足した際に売方が負担する費用。

スイングトレードで取るべき基本戦略

【本田技研工業（7267）】

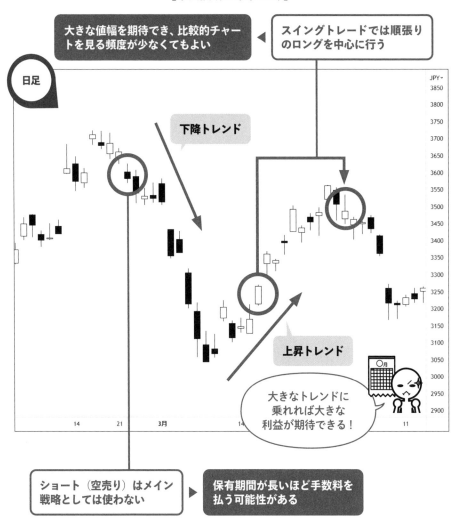

大きな値幅を期待でき、比較的チャートを見る頻度が少なくてもよい

スイングトレードでは順張りのロングを中心に行う

日足

下降トレンド

上昇トレンド

大きなトレンドに乗れれば大きな利益が期待できる！

ショート（空売り）はメイン戦略としては使わない

保有期間が長いほど手数料を払う可能性がある

プロのアドバイス

デイトレードほどチャートを確認しないスイングトレードでは、逆張りに失敗すると損失が膨らみやすくなります

スイングトレードの基本②
長期休暇前に決済する

中長期投資では短期間の下落が生じても数年後に取り戻せますが、スイングトレードではなるべく下落を避けて効率的に売買していくことが重要です。

持ち越しリスクを抑えるための対策

16ページでも解説しましたが、比較的長めの時間軸でポジションを保有するスイングトレードにおいて注意すべきは「持ち越しリスク」です。

デイトレードでは発表される決算や、突発的なニュースによる株価変動リスクを避けられました。しかし、ポジションを少なくとも数日は保有するスイングトレードではそうした持ち越しリスクを抱えることになります。**特に注意しておきたいのが土日を挟んだ週末です**。この期間は市場が完全に閉場しており、土日に突発的なイベントがあれば、それを踏まえて月曜日に注文が集中し、結果的に窓開け（202ページ参照）や急激なトレンドが発生する可能性があります。

そうした週末リスクを避けたい場合は、金曜日までに保有株を売却し、週末には持ち越さないといった工夫が必要です。

長期休暇後は相場が変動しやすい

また、その観点から、**ゴールデンウィークやお正月などの長期休暇は、普段の土日にプラスアルファして相場が休場となる日数が長く、持ち越しリスクも当然増えます**。そのため、数週間など比較的長めにポジションを保有するスイングトレードであっても、長期休暇中は持ち越しを避け、売買を事前に済ませておいたほうがよいでしょう。

実践！ 決算発表も同じように株価が大きく変動してしまうことがあり予想が難しいので、強い根拠がある場合を除き持ち越しを避けたほうがよい。

【ソニーグループ（6758）】

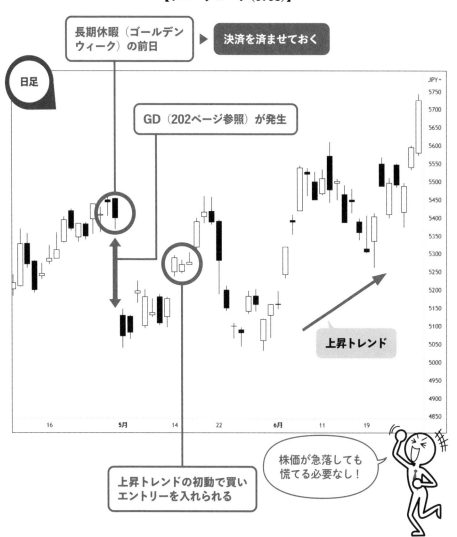

長期休暇（ゴールデンウィーク）の前日 ▶ 決済を済ませておく

日足

GD（202ページ参照）が発生

上昇トレンド

上昇トレンドの初動で買いエントリーを入れられる

株価が急落しても慌てる必要なし！

第4章 スイングトレードで勝てるチャートパターン

プロのアドバイス

長期休暇前に決済していたため含み損が発生せず、落ち着いた状態で次の売買に取り組めるようになります

ボリンジャーバンド①
収縮と拡大

ボリンジャーバンドは、株価の変動がどこまでに収まるかを線で表した指標です。拡大（エクスパンション）したときにエントリーするとよいでしょう。

株価がどこまで変動するかを表した指標

　スイングトレードで使いやすいテクニカル指標として代表的なものがボリンジャーバンドです。ボリンジャーバンドは、中心線（移動平均線）と「統計的に株価の変動が収まる値幅」を示す「±σ（シグマ）」と呼ばれるラインの2つの要素で構成されています。

　一般的に、±1〜3まで重ねて複数表示することが多く、それぞれ統計的に株価は+1σ〜−1σの間に68.3％、+2σ〜−2σの間に95.4％、+3σ〜−3σは99.7％の確率で収まることを示しています。

3本の線の間隔から相場を読む

　ボリンジャーバンドは、バンドの「収縮（スクイーズ）」と「拡大（エクスパンション）」を見てトレンドの勢いを判断します。右図は、4時間足チャートに±3σまでのボリンジャーバンドを表示させたものです。序盤はレンジ相場が続き、株価の上下幅が小さくなることでボリンジャーバンドがスクイーズしています。スイングトレードでは大きな値幅を狙いたいため、**ボラティリティ※が小さく、値幅の期待ができないこうした相場ではそもそもエントリーを控え**、収縮から拡大し始めたところ（上昇や下落の初動）を捉えて、株価のトレンドが始まったところからエントリーしていくのもひとつの手です。その際、MACDとの併用もおすすめです。

用語解説

※ボラティリティ　　価格変動の度合い。価格が大きく変動しやすいことを「ボラティリティが大きい」、反対の場合は「ボラティリティが小さい」と表現する。

ボリンジャーバンドの構成

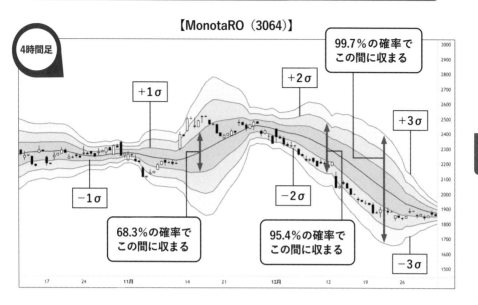

【MonotaRO（3064）】

4時間足

99.7％の確率で
この間に収まる

+2σ

+1σ

+3σ

−1σ

68.3％の確率で
この間に収まる

−2σ

95.4％の確率で
この間に収まる

−3σ

パターン37 値幅の大きさを判断できるボリンジャーバンド

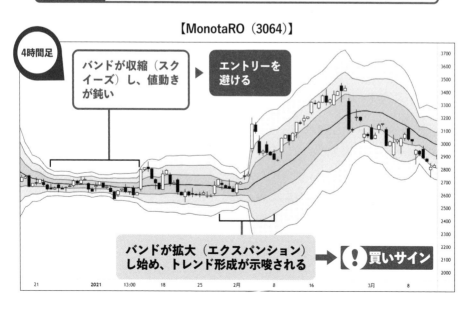

【MonotaRO（3064）】

4時間足

バンドが収縮（スク
イーズ）し、値動き
が鈍い

エントリーを
避ける

バンドが拡大（エクスパンション）
し始め、トレンド形成が示唆される

⚠買いサイン

ボリンジャーバンド②
バンドウォーク

株価が±1σ以内に収まる可能性は68.3%です。+1σを継続的に超えた場合、とても強い勢いがあると推測できるため、買いサインと見なせます。

バンドウォークは安定したトレンドが発生した証

　スイングトレードにボリンジャーバンドを使った分析を取り入れる際に必ず覚えておきたいのが「バンドウォーク」です。これは、**株価がボリンジャーバンドの+1〜+2σ（上昇している場合）、または−1〜−2σ（下落している場合）に沿って動いている状態**を指し、安定して勢いのあるトレンドが発生した際に起こる現象です。

　バンドウォークを使ったトレードはルール化しやすく、「バンドウォークが始まったら買い」「崩れたら決済」とシンプルに考えられます。日足レベルのバンドウォークは頻繁に現れるものではないですが、一度現れると、トレンドが安定して伸びていく傾向にあります。多少高値掴みになったとしても、バンドウォークが安定した状態から入れば利益につなげやすいという点もメリットです。

決済で迷わないために事前にルールを決めておく

　「バンドウォークが崩れたら決済」というルールを設定したとしても、右図チャート内のAのローソク足のように、一瞬だけバンドウォークが崩れるケースでは判断を迷いやすいです。そのため、「**一時的に崩れても、次の足で+1σを超えればOK**」「**中心線を下抜けるまではホールド**」といったように事前に細かなルールを決めておくとよいでしょう。

身につける！　+1〜+2σに沿ったバンドウォークが発生したら買い。+1σを下抜けてバンドウォークが崩れたら売りとなる。

【ワークマン（7564）】

株価が＋1σを超え、＋1〜＋2σの
間で推移するバンドウォークが発生 ➡ **(!)買いサイン**

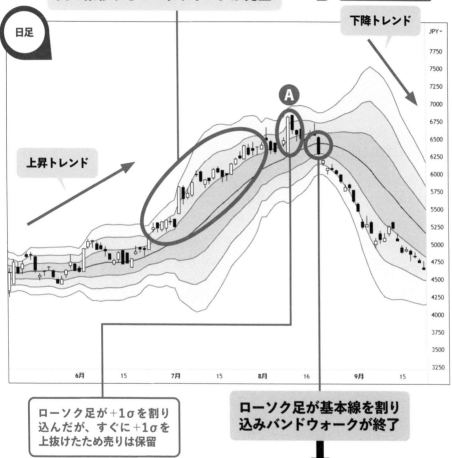

下降トレンド

日足

上昇トレンド

Ⓐ

ローソク足が＋1σを割り
込んだが、すぐに＋1σを
上抜けたため売りは保留

ローソク足が基本線を割り
込みバンドウォークが終了

➡ **(!)売りサイン**

プロのアドバイス

安定した上昇トレンドでの順張りは、スイングトレードで
最も利益を狙いやすいタイミングです

長期的・短期的な傾向が判断できるGMMA

GMMAは、パラメーターの異なる12本のEMAを同時に表示し、長期的と短期的、2つの傾向を読み取る手法です。

複数のEMAから投資家・トレーダーの動向を読み取る

12本のEMAを組み合わせたGMMA（Guppy Multiple Moving Average）も、スイングトレードで使いやすい手法のひとつです。日本では「複合型移動平均線」と訳されます。パラメーターによって大きく短期グループ（3、5、8、10、12、15）と長期グループ（30、35、40、45、50、60）に分けられ、短期グループはトレーダー（投機家）の動向を、長期グループは投資家の動向を示します。言い換えると、**長期グループの動きでトレンドの方向性を分析し、短期グループの動きでダマシや押し目を見極めます。**

トレンドが崩れないタイミングで押し目を狙う

右図の前半では、長期グループを短期グループが上抜け、上昇トレンドが発生しています。このとき、まずチェックすべきはローソク足とGMMAの並びで、下から長期グループ＞短期グループ＞ローソク足の順に並ぶ状態が上昇トレンドといえます。

途中、株価が下落し、ローソク足が一時的に長期グループに触れていますが、GMMAの並びは変わらないため一時的な調整と判断でき、押し目買いのタイミングとなります。一方、チャート後半では短期グループと長期グループの場所が入れ替わり、トレンドの転換が読み取れます。

プラスα
長期グループと短期グループの間隔が広いほどトレンドの勢いが強く、2つのグループの間隔が狭いほどトレンドの勢いが弱い。

【ANA HD（9202）】

短期グループが長期グループを上回り、
下から長期、短期、ローソク足の順に並んだ ▶ 上昇トレンドが形成される

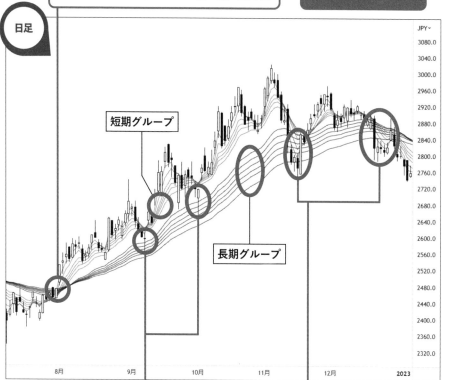

短期グループ

長期グループ

日足

一時的に下落したが、GMMAの並び順は変わっておらず、上昇トレンドが継続される

短期グループが長期グループを割り込み、トレンドの転換が予想される

第**4**章 スイングトレードで勝てるチャートパターン

一目均衡表①
基本構造

一目均衡表は、日本で生まれたテクニカル指標です。5つの要素をもとに複雑な分析を行うことができます。まずは基準線と転換線、雲に注目しましょう。

まずは基準線と転換線のクロスを確認する

　一目均衡表は日本生まれのテクニカル指標で、比較的長めのトレンド変化を読み取る際に有用です。**一目均衡表のテーマは時間で、株価は時間によって影響を受けているというのが考え方の根底にあります。**このテクニカル指標はほかと比べ構成要素が多いのが特徴です。

　一目均衡表は「基準線」「転換線」「先行スパン1」「先行スパン2」「遅行線」の5つで構成されており（右図参照）、それぞれの位置とローソク足との関係性を見ることで分析を行います。

　まず確認すべきは「基準線と転換線のクロス」です。この2つは計算式は違いますが、概ね移動平均線と似た動きをするため、転換線は短期線、基準線は長期線として移動平均線と同じような使い方ができます（74ページ参照）9。基本的には**転換線が基準線を上抜ければ「買いサイン」、転換線が基準線を下抜ければ「売りサイン」**となります。

　先行スパン①と②の2本のラインの間にできたスペースを「雲」と呼び、抵抗帯や指示帯として機能します。上昇相場で株価よりも下に厚い雲が出ているとき、そこが支持帯になりやすく、下降相場で株価よりも上に厚い雲が出ていると抵抗帯になりやすいです。また、ローソク足が雲を突破すると支持帯が抵抗帯に、抵抗帯が支持帯に変化します。雲がねじれてクロスすると相場の転換を示唆すると考えられ、これも重要なサインです。

プラスα　　ローソク足が雲を上抜け・下抜けすることを「雲抜け」と呼ぶ。雲を上抜けた場合は勢いが加速するサインと考えられる。

【日産自動車（7201）】

転換線が基準線を上抜けた、
かつローソク足が雲抜けをした ➡ **（！）買いサイン**

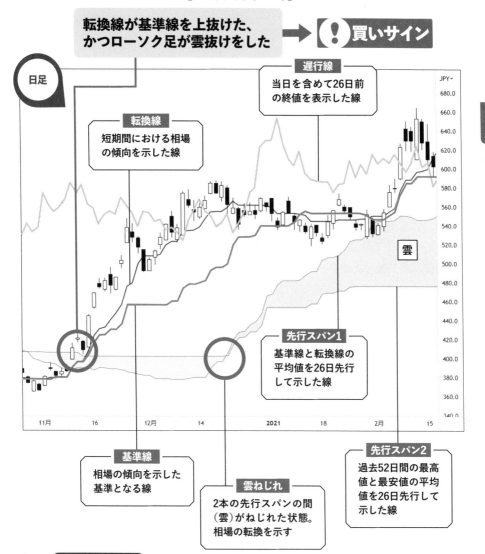

日足

転換線
短期間における相場
の傾向を示した線

遅行線
当日を含めて26日前
の終値を表示した線

先行スパン1
基準線と転換線の
平均値を26日先行
して示した線

雲

基準線
相場の傾向を示した
基準となる線

雲ねじれ
2本の先行スパンの間
（雲）がねじれた状態。
相場の転換を示す

先行スパン2
過去52日間の最高
値と最安値の平均
値を26日先行して
示した線

JPY

680.0
660.0
640.0
620.0
600.0
580.0
560.0
540.0
520.0
500.0
480.0
460.0
440.0
420.0
400.0
380.0
360.0
340.0

11月　16　12月　14　2021　18　2月　15

第**4**章 スイングトレードで勝てるチャートパターン

プロのアドバイス

一目均衡表は要素が多い指標ですが、ポイントを絞って使
いこなせる機能を徐々に増やしていきましょう

一目均衡表②
三役好転

三役好転とは、3つの条件を満たしたときに相場が好転するサインであり、一目均衡表のなかで使いやすい買いサインとして知られています。

3つの条件を満たすと上昇トレンドが発生する

　一目均衡表を使ってチャート分析を行うにあたり、最も注目しておきたいのが「三役好転・三役暗転（三役逆転）」です。
「三役」という言葉の通り、トレンドが転換する際に一目均衡表が以下の3つの条件を満たすことで成立する売買サインです。買いサインの場合、**条件は「①遅行線がローソク足を上抜け」「②転換線が基準線を上抜け」「③ローソク足が雲を上抜け」**の3つです。

　実際のチャートで見ると、右図のような形になります。10月ごろまで続いた下降トレンドが落ち着き、揉み合いが続いたところで遅行線がローソク足を上抜け、その後、転換線が基準線を上抜け、最後に株価が雲を上抜けて三役好転が完成しています。その後の推移を見ると、大相場となりました。

一目均衡表のなかでも使いやすいサイン

　三役好転は上昇トレンドへの転換サインですが、**三役暗転はその逆で下降トレンドの転換サインとなります。**

　一目均衡表を使った分析には、波動論や時間分析といった手法もあり、極めようとするとかなり奥深い指標です。しかし、三役好転・暗転はシンプルに大相場の変動を知ることができる使いやすいサインです。

プラスα　　三役暗転の条件は、「①遅行線がローソク足を下抜け」「②転換線が基準線を下抜け」「③ローソク足が雲を下抜け」の3つ。

パターン41 一目均衡表の三役好転

【任天堂(7974)】

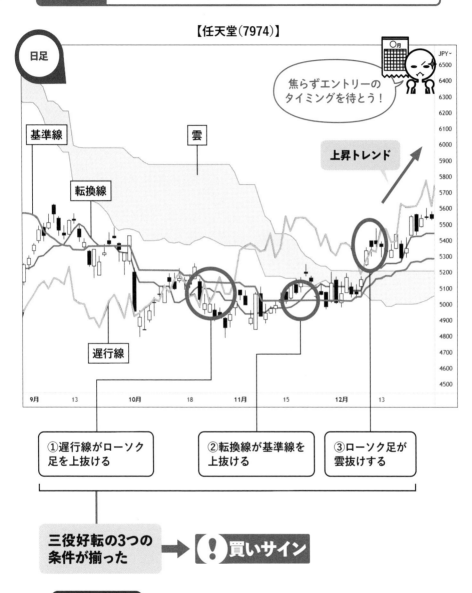

日足

焦らずエントリーの
タイミングを待とう！

基準線

雲

転換線

上昇トレンド

遅行線

①遅行線がローソク
足を上抜ける

②転換線が基準線を
上抜ける

③ローソク足が
雲抜けする

三役好転の3つの
条件が揃った → ❗ 買いサイン

プロのアドバイス

条件がすべて揃うまで数カ月かかることもあります。焦らずに、三役好転の完成を確認してから買いましょう

一目均衡表③
遅行線の使い方

一目均衡表の遅行線のみを表示して、売り買いの判断を行うことが可能です。
チャートツールの機能によってはできないこともあります。

遅行線のみを表示して分析する

　一目均衡表の個別の要素をチャートに表示して分析を行うのも有効です。その一例として、ここでは遅行線を使った分析方法を紹介します。

　遅行線は、終値をつなぎ、それを26本分前に戻してチャート上に表示したものです。日足で表示する場合、**遅行線は「当日を含め26日前の終値をグラフとして表示したもの」と言い換えられます。**遅行線のしくみ自体は非常にシンプルですが、これを表示することで「投資家やトレーダーの状態を可視化させられる」というメリットがあります。

ローソク足との位置関係から売り買いの勢いがわかる

　例えば、右図のようにローソク足の上で遅行線が動いている場合、現在のローソク足から26本前に買った人は含み益がある状態だと言い換えられます。一目均衡表の基本は時間だということを書きましたが、この状態はおおよそ1カ月前に買った人達が含み益がある状態で、つまり、相場は「買いが優勢」と判断ができるわけです。なお、一目均衡表が開発されたときは土曜日が営業日だったため1カ月の営業日数は26日ほどでした。そのため、遅行線は26本前に設定されていると考えられます。

　反対にローソク足の下で遅行線が動いている場合、1カ月ほど前に買った人達が含み損を抱えている状態なので「売りが優勢」と判断できます。

身につける！　遅行線がローソク足を上抜ければ買いサイン、遅行線がローソク足を下抜ければ売りサインと判断できる。

【任天堂（7974）】

遅行線がローソク足を
上抜けた → **！買いサイン**

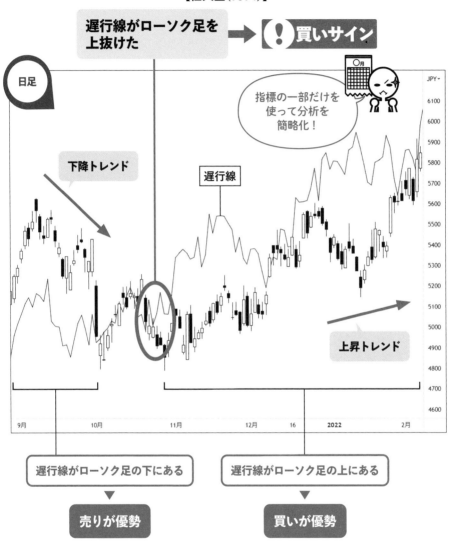

日足

指標の一部だけを
使って分析を
簡略化！

下降トレンド

遅行線

上昇トレンド

遅行線がローソク足の下にある

遅行線がローソク足の上にある

▼

▼

売りが優勢

買いが優勢

プロのアドバイス

遅行線とローソク足を比較すると、26本前の価格と比較することになり、市場参加者の心理を推察できます

比率から株価を分析する
フィボナッチ

フィボナッチは、13世紀に発明されたフィボナッチ比率という数式をベースに
つくられた指標です。押し目や戻りが発生した後の値動きが分析できます。

押し目や戻りの水準を測るFR

テクニカル指標以外にも、フィボナッチのように特定の比率を使って将
来の展開を予測する方法があります。フィボナッチにはさまざまな種類が
ありますが、ここでは特に有名な「フィボナッチ・リトレースメント（FR）」
と「フィボナッチ・エクスパンション（FE）」を紹介します。

FRは、**上昇トレンドの押し目、下降トレンドの戻りがどの水準になる
のかを分析するもの**で、一般的には「38.2％、50.0％、61.8％、78.6％」
の比率がよく用いられます。

使い方はシンプルで、まずトレンドの始点となる安値をA、高値をBと
し、この2点に対してFRを引きます。すると、自動的にチャート上に先
ほどの比率が表示されるので、これらを参考にトレンドの押し目や戻りが
どこになるかを分析します。

押し目や戻りの後にどこまで伸びるかを測るFE

FEは、株価が押し目や戻りを経て再度トレンド方向に進んだ際、ど
こまで伸びるかを予測するために用いられ、こちらは「61.8％、100％、
127.2％、161.8％」の比率がよく使われます。

主に、**100％、127.2％、161.8％といった各段階で決済を検討するといっ
たように使われることが多いです。**

> **身につける！** ローソク足はFRのラインで押し目、戻りを付けやすい。その後、株価が
> FEの100％、127.2％、161.8％といった各段階まで来たら決済を検討する。

パターン43 フィボナッチ・リトレースメント(FR)

【Sansan（4443）】

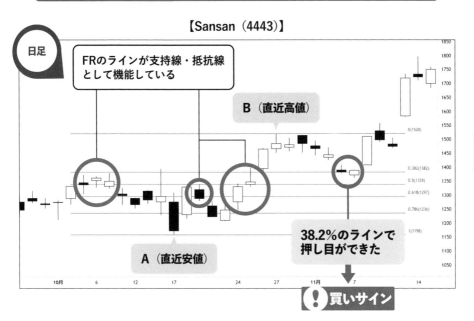

日足

FRのラインが支持線・抵抗線として機能している

B（直近高値）

0(1520)

0.382(1382)
0.5(1339)
0.618(1297)
0.786(1236)

1(1158)

A（直近安値）

38.2%のラインで押し目ができた

! 買いサイン

パターン44 フィボナッチ・エクスパンション(FE)

【ライドオンエクスプレスHD（6082）】

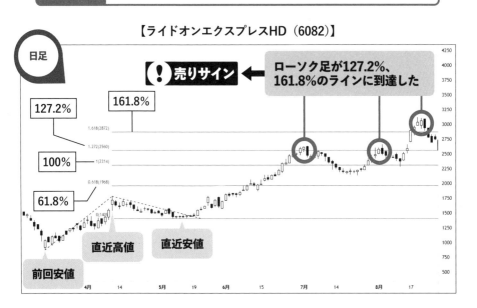

日足

! 売りサイン ← ローソク足が127.2%、161.8%のラインに到達した

127.2%

161.8%

100%

61.8%

1.618(2872)
1.272(2560)
1(2314)
0.618(1968)
0(1402)

直近高値

直近安値

前回安値

トレンドの転換がわかる
パラボリック

パラボリックは「放物線」を意味するテクニカル指標で、非常にシンプルですが移動平均線などとは違った形でトレンド分析を行えます。

ローソク足がパラボリックより上にあれば上昇

　パラボリックは、トレンドの転換を判断できる指標です。SAR（ストップ＆リバース）と呼ばれる指標をつないだもので、放物線に見える形状をしているため、放物線を意味する「パラボリック」と名づけられました。ローソク足がパラボリックの上にある場合は上昇トレンド、ローソク足がパラボリックの下にある場合は下降トレンドと判断します。つまり、**パラボリックが下側に出れば買いサイン、上側に出れば売りサイン、というわけです。**右図のように、パラボリックの上下が入れ替わり、トレンド転換のサインに沿って売買することで、トレンドの順張りを行えます。

明確なトレンドの転換がわかる

　パラボリックのメリットは「トレンドの底や天井がわかりやすく示される」という点です。ローソク足がパラボリックよりも上（もしくは下）にある状態が続く限り、ポジションを持ち続けることができます。つまり、**途中の株価の上下動に振り回されず保有し続けることができる**ので、エントリー後、強いトレンドが発生して株価がトレンド方向に動き続ければ利益を大きく伸ばすことができます。

　一方、パラボリックの欠点はレンジ相場では頻繁に転換サインが出てしまい、活用が難しくなることです。

プラスα　パラボリックSAR（Stop And Reverse）と表記されることもある。ストップは決済、リバースは売買ポジションの転換を意味する。

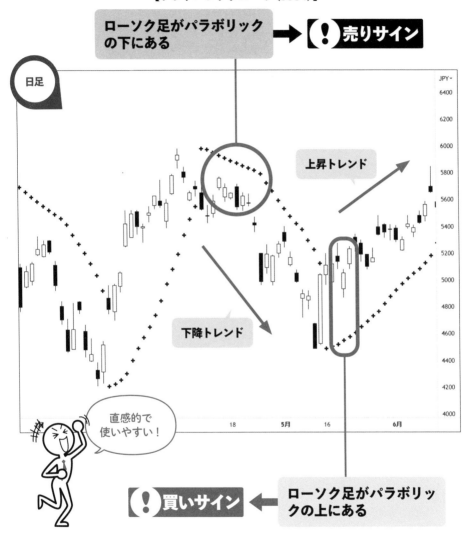

【ソフトバンクグループ（9984）】

ローソク足がパラボリック
の下にある ➡ **（!）売りサイン**

日足

上昇トレンド

下降トレンド

直感的で
使いやすい！

（!）買いサイン ⬅ ローソク足がパラボリッ
クの上にある

第**4**章 スイングトレードで勝てるチャートパターン

プロのアドバイス

わかりやすくトレンド転換が判別でき、株価の上下動に振
り回されにくくなるのでスイングトレードに向いています

移動平均線との乖離がわかるエンベロープ

エンベロープは日本語で「移動平均乖離率バンド」と呼ばれ、移動平均線と移動平均乖離率をアレンジしたテクニカル指標のひとつです。

売られすぎ、買われすぎを判断できる

　エンベロープは、移動平均線をアレンジした指標です。もととなる移動平均線を「中心線」とし、中心線から任意の値を乖離させたバンド（＝エンベロープ）で構成されています。

　右上図では20日SMAを中心線として、５％と10％の乖離をさせたエンベロープをそれぞれ２本表示しています。エンベロープはボリンジャーバンド（126ページ参照）と似た形をしていますが、基本的には使い方も同じです。**「ローソク足が上下のバンドに達したら売られすぎ、もしくは買われすぎ」と判断します。**右上図ではチャートの前半から中盤にかけて±10％のラインにローソク足がタッチした後、中心線に戻る動きをしています。これは、ローソク足が移動平均線から乖離しすぎていると投資家が判断し、売買したことで反発が起きたと判断できます。

勢いが衰えず加速するケースもある

　ボリンジャーバンドでも、±３σを超えても勢いが衰えず「買われすぎているからさらに買われる（売られすぎているからさらに売られる）」という動きが起こるように、エンベロープでも同様の現象が起こります。この性質を利用して、**エンベロープのバンド上限を上抜けたらエントリーし、トレンドに対して順張りを行う戦略としても活用できます。**

プラスα　株価は大きく買われ（売られ）過ぎると移動平均線に戻していく習性がある。これを利用して売買ポイントを探るのがエンベロープ。

パターン46 逆張りにおけるエンベロープの分析

【ソフトバンクグループ（9984）】

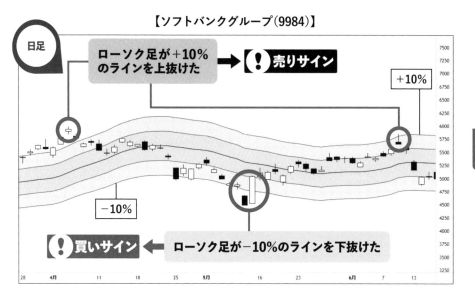

パターン47 順張りにおけるエンベロープの分析

【ソフトバンクグループ（9984）】

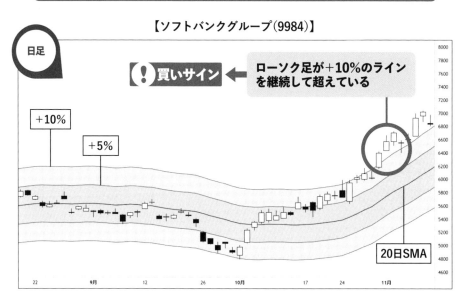

違う時間軸の移動平均線を同時に表示させる

移動平均線を使ったテクニックとして、同じチャート上に違う時間軸の移動平均線を表示させ、一目で異なる視点の情報を得るという方法があります。

パラメーターを調整して表示させる

　複数の移動平均線を使う際に覚えておきたいのが、パラメーターを変更することで別の時間軸の移動平均線を再現するテクニックです。

　例えば、1時間足チャートに「1時間足の20SMA」「4時間足の20SMA」「週足の20週SMA」を表示させたい場合、4時間足の20SMAとは1時間足の20SMAを4倍させた値となります。つまり、**1時間足の80SMAが4時間足の20SMAに相当します。**同じ考え方で、週足の20SMAは日本株の場合、1時間足のSMAの25倍（5時間×5日）、つまり1時間足の500SMAが週足の20週SMAに相当します。

複数の時間軸の視点からトレンドを確認する

　これらを実際のトレードでどう使うかはさまざまな考え方がありますが、右図の例を見ながら、活用法を考えてみましょう。

　チャート中盤以降で、4時間足20SMAと1時間足20SMAが週足の20週SMAを上抜けて以降、大きなトレンドが発生していることがわかります。ここから、「**週足**」「**4時間足**」「**1時間足**」のすべてで20SMAを軸としたトレンド転換が起こっていると考えられます。このように、「週足レベルのトレンド転換」と「時間足レベルのトレンド転換」が重なるような相場が動きやすいポイントを探すといった使い方ができます。

実践！　具体的なエントリーポイントを検討する際にこのテクニックを活用すると、長期、短期、2つの視点からエントリーを検討することができる。

【良品計画（7453）】

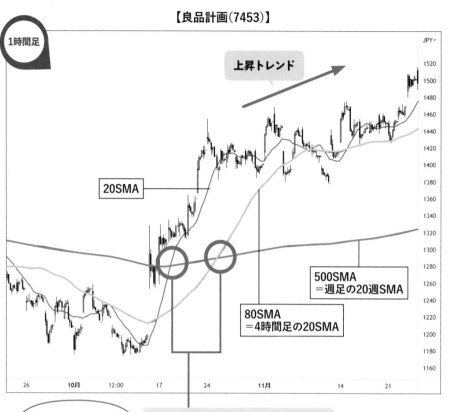

1時間足

上昇トレンド

20SMA

500SMA
＝週足の20週SMA

80SMA
＝4時間足の20SMA

保有期間が長いほど
長期の視点が重要！

20SMAと80SMA（4時間足
の20SMA）が500SMA（週
足の20週SMA）を上抜けた

⚠買いサイン

大きな
トレンドに
乗るぞ！

プロのアドバイス

パラメーターを調整するだけで取り入れられ、長期的な視
点を取り入れることでダマシを抑えやすくなります

ボラティリティを推測できるHV

HV（Historical Volatility）は、過去の価格変動から推定される、金融商品のボラティリティの推移を示した指標です。相場転換を見分ける際に役立ちます。

HVの変動で売買タイミングを掴む

HVはヒストリカル・ボラティリティとも呼ばれるテクニカル指標で、過去の価格変動から推定される株価や金融商品のボラティリティの推移を示します。ボラティリティとは株価や金融商品の価格変動の振れ幅のことで、値が大きいほど価格変動が激しく、小さいほど価格変動が小さいことを示します。

HVは、相場の転換を見分ける際に役立ちます。右上図の前半ではHVが低い値で推移しています。特に、HVの値が20以下になったタイミングでは株価も狭い値幅でのレンジとなり、方向感が見えない状態です。一方、中盤でHVが一気に上昇したタイミングで株価も大幅に上昇しています。特に、HVが40以上で推移している間は株価も上昇し続け、HVが下がるにつれて以降の値動きも再度レンジに移行していったことがわかります。

高値・安値や移動平均線と併用する

レンジ相場中にHVの上昇が確認できれば、どちらかの方向に勢いがつきやすい状態であるため、**その値動きに飛び乗るか、もしくは続く値動きで押し目買いなどのタイミングを狙うというのが、HVの基本戦略となります。**また、右下図のように、高値・安値のブレイクや移動平均線を併用すると、分析の確度がより高まります。

実践！ HVはボラティリティの高い銘柄を探す際にも有効であり、そうした使い方はデイトレードやスキャルピングにも応用できる。

パターン49 ボラティリティの推移がわかるHV

【MonotaRO（3064）】

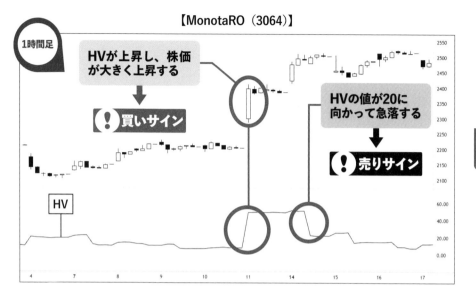

1時間足

HVが上昇し、株価が大きく上昇する

↓

! 買いサイン

HVの値が20に向かって急落する

↓

! 売りサイン

HV

パターン50 HVとSMAを併用して買いのチャンスを増やす

【MonotaRO（3064）】

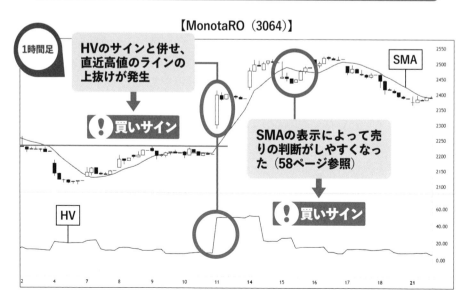

1時間足

HVのサインと併せ、直近高値のラインの上抜けが発生

↓

! 買いサイン

SMA

SMAの表示によって売りの判断がしやすくなった（58ページ参照）

↓

! 買いサイン

HV

147

3本の線からトレンドの強さと勢いがわかるDMI

DMI（Directional Movement Index）は、株価や金融商品の趨勢を分析するためのテクニカル指標で、トレンドの強さや勢いがわかります。

線の名称	詳細
＋DI	買われる勢いを表すライン。＋DIが高いほど、買われる勢いが強いことを示す
−DI	売られる勢いを表すライン。−DIが高いほど、売られる勢いが強いことを示す
ADX	トレンドの強さを表すライン。ADXが高いほど、トレンドの勢いが強いことを示す

DI線のクロスとADXの上昇に注目

　DMIは、「＋DI」「−DI」「ADX」の3つのラインから構成されるテクニカル指標で、各ラインはそれぞれ上記の役割があります。

　DMIは主にトレンド分析に使われるテクニカル指標で、実際にチャート分析に使用する場合はまず「−DIと＋DIのクロス」を見つけましょう。上記のように、＋DIが高ければ株価上昇の勢いが強く、−DIが高ければ株価下降の勢いが強いことを示します。

　例えば、−DIが上向き、＋DI下向きでクロスするということは「買いの勢いが弱まり、売りの勢いが強まっている」ということ。つまり、下降トレンドへの転換点と考えることができます。さらに、**DI同士のクロス後にADXが上昇していれば、転換後に発生したトレンドの勢いが強まっていると分析でき、買い増しを行うなどの判断につなげることができます。**

身につける！　＋DIが−DIを上に突き抜ければ買いサイン。さらに、クロスの後にADXが上昇すればトレンドの勢いが強まっているため買い増しを行う。

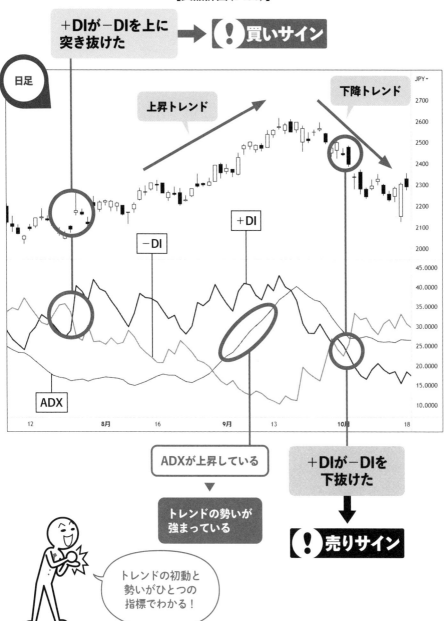

【良品計画（7453）】

+DIが-DIを上に
突き抜けた ➡ **（!）買いサイン**

日足

下降トレンド

上昇トレンド

JPY~
2700
2600
2500
2400
2300
2200
2100
2000

+DI

-DI

45.0000
40.0000
35.0000
30.0000
25.0000
20.0000
15.0000
10.0000

ADX

12　　8月　　16　　9月　　13　　10月　　18

ADXが上昇している

▼

トレンドの勢いが
強まっている

+DIが-DIを
下抜けた

（!）売りサイン

トレンドの初動と
勢いがひとつの
指標でわかる！

市場参加者の心理がわかる
サイコロジカル・ライン

サイコロジカル・ライン（Psychological Line）はオシレーター系のテクニカル指標で、市場参加者の心理をグラフとして表します。

直近12日間で株価が上昇した日数を数値化する

「サイコロジカル（心理的な）」という単語が名前についている通り、これは市場参加者の心理を表すテクニカル指標です。直近N日間（通常、12日が多い）のなかで終値が「前日比プラス」の日数を数え、12日間のうちプラスの比率を求めるという計算式で成り立っています。

数値が25％以下になれば買い

この比率から読み取れる情報は、「さすがに連日買われすぎているから、そろそろ下げるんじゃないか」「売られすぎだから、そろそろ反転するのでは」と考える市場参加者の心理です。サイコロジカル・ラインで**過去12日間の上昇日の比率が50％以上で推移し続けている場合「買われすぎ」と考える市場参加者が増える可能性を示唆します。**反対に、比率が50％以下で推移し続けている場合は「売られすぎ」と考えられやすくなります。買われすぎや売られすぎが意識されると、相場の天井や底が形成されやすくなるので、サイコロジカル・ラインは逆張りの指標として活用できます。

具体的な投資戦略ですが、サイコロジカル・ライン25％以下で「買い」、75％以上で「売り」と判断します。例えば、25％ということは上昇している日が3日、下降した日が9日となるため、売られすぎと判断する市場参加者が多くなり、そろそろ買ってもよいと判断できるわけです。

実践！　個別銘柄の分析にではなく、日経平均といった株価指数の動きを把握し、相場の方向性を確認するために使われることが多い。

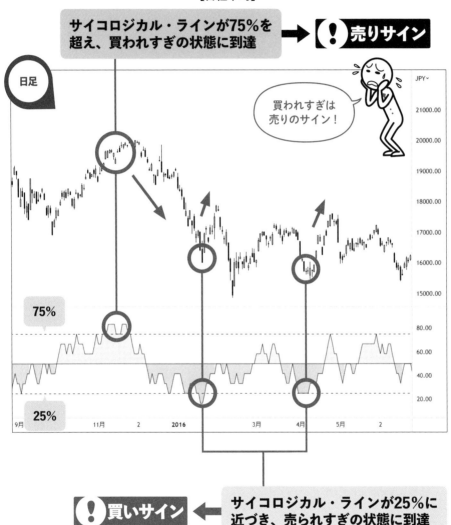

【日経平均】

サイコロジカル・ラインが75%を
超え、買われすぎの状態に到達 ➡ **【!】売りサイン**

日足

買われすぎは
売りのサイン！

JPY~

21000.00

20000.00

19000.00

18000.00

17000.00

16000.00

15000.00

75%

80.00

60.00

40.00

20.00

25%

9月　　11月　　2　　2016　　3月　　4月　　5月　　2

【!】買いサイン ⬅ サイコロジカル・ラインが25%に
近づき、売られすぎの状態に到達

第**4**章 スイングトレードで勝てるチャートパターン

プロのアドバイス

逆張り戦略ですが、サイコロジカル・ラインが25%になっ
たときに買い、75%になったら売る、が基本です

ボリンジャーバンドと RSIを組み合わせる

複数のテクニカル指標を組み合わせることで、それぞれの得意分野を活かし、買いエントリーから決済までをスムーズに判断できるようになります。

トレンド系指標で買い、オシレーター系指標で売る

テクニカル指標は、性質の違うものを複数組み合わせることでそれぞれの弱点を補うこともできます。そうした使い方の代表例が、トレンド系とオシレーター系の組み合わせでしょう。

右上図は、日足チャートに±1〜3σのボリンジャーバンド（126ページ参照）とRSI（84ページ参照）を表示させたものです。チャートの中盤では、ローソク足がボリンジャーバンドの3σを超えていることから、**かなり買いの勢いが強かったことが見受けられます**。仮にこの急騰に飛び乗って買いを入れた場合、その後の判断は「さらなる上昇を狙って保有を継続する」、もしくは「値幅が十分取れているため早めに手仕舞いする」のどちらかです。しかし、トレンド分析を得意とするボリンジャーバンドからの情報では、どちらの判断が最適かわかりづらいのが悩ましいところ。

そこでRSIを見ると、急騰後、ローソク足が高値圏にあるにもかかわらず70％を下抜けています。すでに市場参加者から「買われすぎ」と判断され、**再び上昇するには時間がかかることがある程度見込まれるため、手仕舞いの判断がしやすくなるのです**。

右下図は別日の同じ銘柄のチャートですが、安定して勢いのあるトレンドが発生した場合、RSIも70％を下抜けずに推移することが多いため、ホールドする判断材料にできます。

身につける！　ボリンジャーバンドは単体でも決済を判断できるが、オシレーター系指標と組み合わせることで、より売りのポイントを精査しやすくなる。

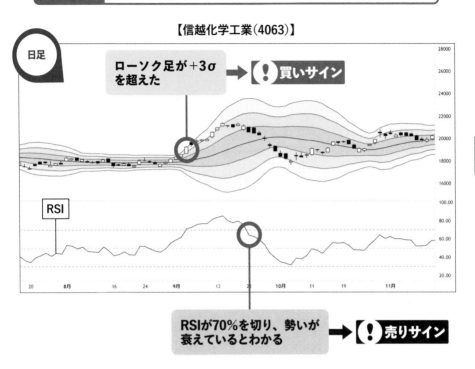

【信越化学工業（4063）】

日足

ローソク足が+3σ
を超えた　→　**（！）買いサイン**

RSI

RSIが70%を切り、勢いが
衰えているとわかる　→　**（！）売りサイン**

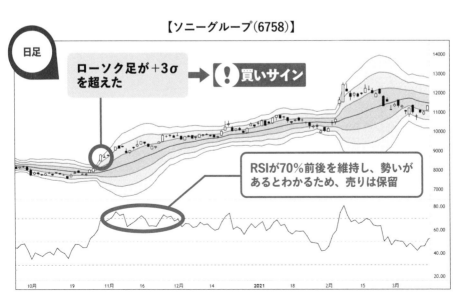

【ソニーグループ（6758）】

日足

ローソク足が+3σ
を超えた　→　**（！）買いサイン**

RSIが70%前後を維持し、勢いが
あるとわかるため、売りは保留

第**4**章　スイングトレードで勝てるチャートパターン

DMAとフィボナッチを組み合わせる

DMAは、SMAをアレンジしたテクニカル指標です。これとフィボナッチを併用することで、上昇トレンドの押し目を狙いやすくなります。

大きなトレンドで押し目を狙う戦略

　スイングトレードに使われる戦略のひとつとして、単純移動平均線を本来の位置から過去や未来にずらしたDMA※（Displaced Moving Average）を使った手法があります。これは米国の有名トレーダー、ジョー・ディナポリが得意としたもので、ここではDMAを使った戦略のなかから「シングルペネトレーション」と呼ばれる手法を紹介します。

　この戦略では、まず3×3DMAを表示させます。**トレンドが発生し、DMAを割り込むことなくローソク足が8本以上連続して一方向に動いている状態（スラスト）を探します**。スラストは「大きなトレンドが発生している状態」を指し、このトレンドの押し目を狙って順張りを行います。

FRと併用してエントリーポイントを決める

　右図のようにスラストが完成したら、安値と高値にかけてFR（138ページ参照）を引いてください。**描画したFRに対し、株価がFR38.2%に達したタイミングがエントリーポイントです**。

　また、直近安値、直近高値、エントリーポイントに対しFE（138ページ参照）を引いてください。株価がFEの61.8%や100.0%などの各ラインまで上昇したら利食い（利確）。反対に、株価が下落してしまった場合はFRの61.8%などの各ラインで損切りを検討します。

用語解説

※DMA　　SMAを本来の位置から過去や未来にずらしたもの。日足で3×3DMAを表示した場合、「3日SMAからローソク足3本分先行させたもの」を意味する。

パターン54 DMAとFRを使ったエントリーポイントの探し方

【日産自動車（7201）】

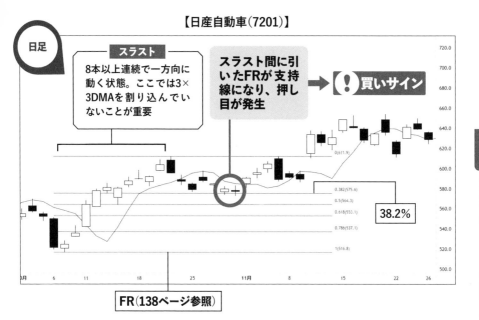

日足

スラスト
8本以上連続で一方向に動く状態。ここでは3×3DMAを割り込んでいないことが重要

スラスト間に引いたFRが支持線になり、押し目が発生 ➡ **（！）買いサイン**

0(611.9)

0.382(575.6)
0.5(564.3)
0.618(553.1)
0.786(537.1)

1(516.8)

38.2%

FR（138ページ参照）

パターン55 DMAとFEを使った決済ポイントの探し方

【日産自動車（7201）】

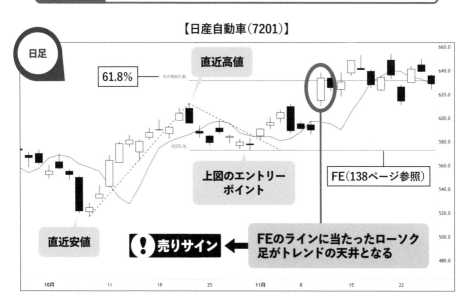

日足

61.8%　　0.618(631.8)

直近高値

0(572.9)

上図のエントリーポイント

FE（138ページ参照）

直近安値

（！）売りサイン ⬅ FEのラインに当たったローソク足がトレンドの天井となる

酒田五法①
三山

酒田五法は、日本で誕生した代表的な５つのチャートパターンの総称です。三山は相場の天井を示すサインとして使われます。

200年以上親しまれるチャートパターン

「酒田五法」とは、江戸時代の米相場で活躍した本間宗久が考案した日本発の分析方法で、200年以上経った現在でもチャート分析の基礎として広く親しまれています。

　酒田五法は「三山」「三川」「三空」「三兵」「三法」の５つのパターンからなり、ここでは「三山（さんざん）」について解説します。

　三山は、**名前の通り「３つの山」が特徴的なチャート形状で、相場の天井や大底で出現すると反転のサインです**。第３章で解説した三尊や逆三尊（100ページ参照）はこの三山のバリエーションのひとつですが、三山の基本は、３つの山の頂上や底の値がほぼ同じになる、右図のようなパターンです。このチャートパターンは一般的には「トリプルトップ、トリプルボトム」とも呼ばれます。

ダブルトップより強いサインとして機能する

　三尊や逆三尊で解説したように、トリプルトップの場合は直前の２つの安値を結んだネックラインを引き、このラインを下抜ければトレンド転換のサインです。ダブルトップやダブルボトム（98ページ参照）に似ていますが、これらよりも**さらに一度高値や安値を試して跳ね返されているため、より強い転換のサインとして考えられています**。

プラスα　**３つの山が同じ位置になる三山は、海外でトリプルトップと呼ばれる。三尊は２つ目の山が高く、ヘッド＆ショルダーズ・トップとも呼ばれる。**

パターン56　天井圏で現れる三山

【フジミインコーポレーテッド（5384）】

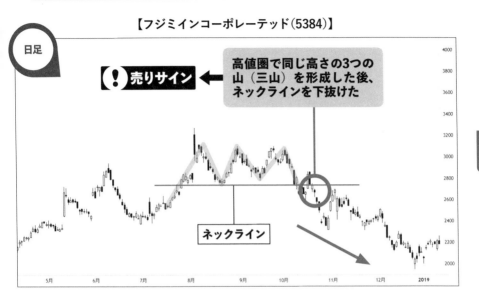

日足

(!)売りサイン ←

高値圏で同じ高さの3つの
山（三山）を形成した後、
ネックラインを下抜けた

ネックライン

パターン57　底値圏で現れる三山

【ソニーグループ（6758）】

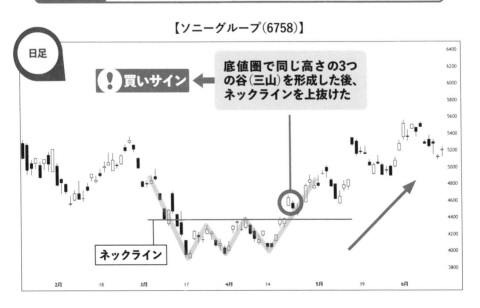

日足

(!)買いサイン ←

底値圏で同じ高さの3つ
の谷（三山）を形成した後、
ネックラインを上抜けた

ネックライン

酒田五法②
三川

3つのローソク足からなるチャートパターンです。三川宵の明星と三川明けの明星の2種類あり、それぞれ売りサイン、買いサインとして機能します。

相場の天井を示す「三川宵の明星」

　酒田五法の「三川（さんせん）」は、3つのローソク足からなるチャートパターンです。三川のうち、「三川宵の明星」「三川明けの明星」のパターンが代表的です。

　三川宵の明星は、ローソク足が「陽線」「十字線（もしくはコマ）」「陰線」の順で出る状態です。

　相場の天井を示唆するパターンで、この形が出現すると上昇トレンドから下降トレンドに転換すると考えられるため、すでに下から買って含み益が出ている場合は決済のサインとして使えます。

相場の底を示す「三川明けの明星」

　三川明けの明星は、相場の底を示唆するパターンです。

　「陰線」「十字線（もしくはコマ）」「陽線」の組み合わせでできており、**下降トレンドから上昇トレンドへの転換の可能性が高まるため、買いのサインとなります。**

　宵の明星、明けの明星どちらとも、このパターンが出現したからといって相場が必ず反転するわけではありません。しかし、古くから知られてきたチャートパターンであるため、転換が意識されやすくなるという点は知っておくべきでしょう。

プラスα ▶ **これらのサインが成立する条件には、3つのローソク足の間に窓（始値が重ならずスペースが空く状態）ができること、という点も含まれる。**

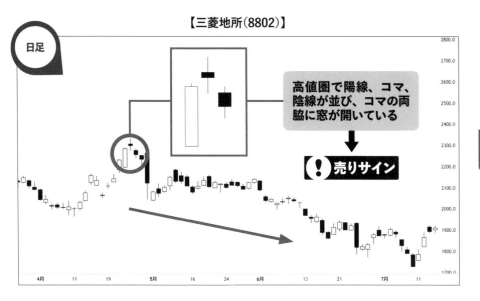

パターン58　三川宵の明星

【三菱地所（8802）】

日足

高値圏で陽線、コマ、
陰線が並び、コマの両
脇に窓が開いている

❗ 売りサイン

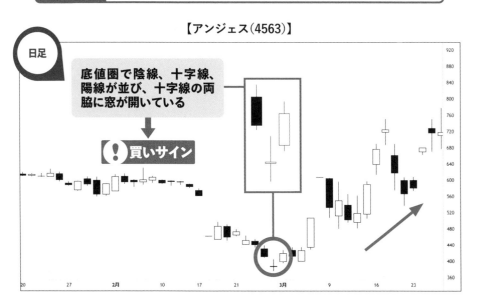

パターン59　三川明けの明星

【アンジェス（4563）】

日足

底値圏で陰線、十字線、
陽線が並び、十字線の両
脇に窓が開いている

❗ 買いサイン

第4章　スイングトレードで勝てるチャートパターン

パターン58　三川宵の明星

【三菱地所（8802）】

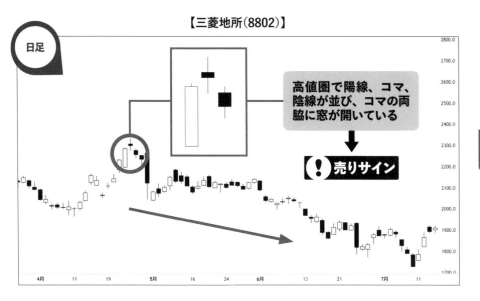

日足

高値圏で陽線、コマ、陰線が並び、コマの両脇に窓が開いている

❗ 売りサイン

パターン59　三川明けの明星

【アンジェス（4563）】

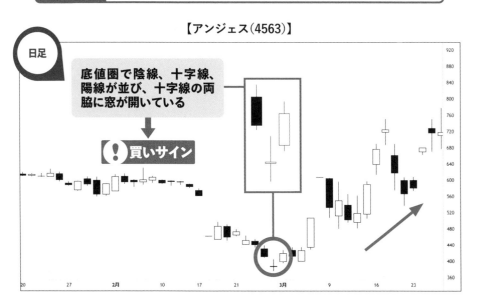

日足

底値圏で陰線、十字線、陽線が並び、十字線の両脇に窓が開いている

❗ 買いサイン

第4章　スイングトレードで勝てるチャートパターン

酒田五法③
三空

相場の勢いが強いときに出やすいのが三空です。勢いが強すぎるあまり、市場参加者から反対の値動きを意識されます。

窓が3回連続で開くパターン

　酒田五法の「三空（さんくう）」は、ローソク足が上昇か下降、どちらか一方向に進んでいる際に、窓※が3つ出現するパターンです。**上方向の場合は「三空踏み上げ」と呼び、相場の天井を暗示するとされています。**反対に、下方向への窓開けが3回続くと「三空叩き込み」と呼ばれ、こちらは相場の底を暗示します。前者が出現すれば「売りサイン」、後者が出現すれば「買いサイン」と考えてよいでしょう。

過熱感が強いときに出やすい

　株式は取引できる時間帯が限られるため、場が開いた直後に取引が集中しやすく、窓が頻繁に出現します。トレンド方向に窓を開けると、その方向に買いや売りが集中していると判断されます。

　つまり、上方向への窓開けは買いが優勢、下方向への窓空けは売りが優勢と判断するのが基本的なスタンスです。しかし、**それが3回も出現すると「さすがに買い（売り）が集中しすぎているから、そろそろ天井（底）か」と市場参加者に意識されやすくなるのです。**

　三空は価格動向が過熱した大相場で出現しやすいため、例えば、ロング（買い）で含み益が十分出ている場合に三空踏み上げが出たら、ポジションの一部を利確しておくなどの使い方ができます。

用語解説	
※窓	株価が一気に上昇・下落することで、隣り合うローソク足の間に空間ができること。空（くう）やギャップとも呼ばれる。詳しくは202ページ参照。

パターン60 三空踏み上げ

【レーサム（8890）】

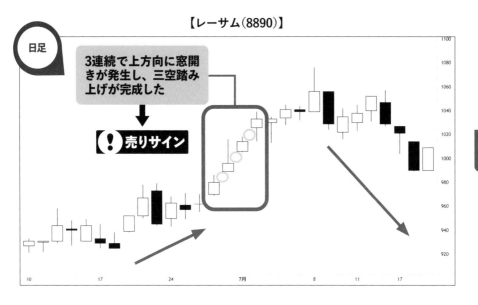

日足

3連続で上方向に窓開きが発生し、三空踏み上げが完成した

(!) 売りサイン

パターン61 三空叩き込み

【レーサム（8890）】

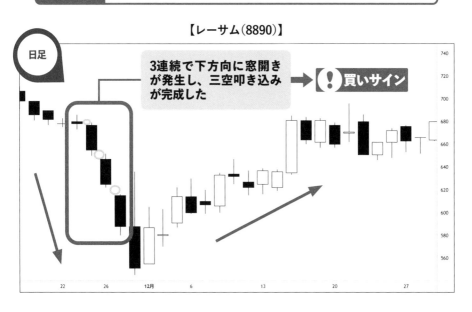

日足

3連続で下方向に窓開きが発生し、三空叩き込みが完成した

(!) 買いサイン

酒田五法④
三兵

酒田五法の三兵は、三川と同様に3本のローソク足を組み合わせてから相場を予測する分析手法です。陽線か陰線が3連続で出た状態が基本形です。

強気相場を表す赤三兵

　酒田五法の「三兵（さんぺい）」は、三川と同様に3本のローソク足の組み合わせから相場を予測する分析手法です。大きく分けて、上昇時に出現する「赤三兵」と下降時に出現する「黒三兵」の2種類があります。

　赤三兵は、陽線が3本連続で出現し、それぞれが前の足の高値を上回っているパターンです。**相場の強気を示し、特に底値圏で出現すれば買いサインと考えてよいでしょう。**

　ローソク足の種類が少し異なる派生形があり、2、3本目のローソク足に上ヒゲが出て上昇の勢いが鈍化していることを示す「赤三兵先詰まり」、2本目のローソク足が大陽線で3本目がコマや十字線（188ページ参照）となって一時的な調整を示唆する「赤三線思案星」があります。

弱気相場を表す黒三兵

　陰線が3本連続で出現し、それぞれが前の足の安値を下回るのが黒三兵（三羽烏とも呼びます）です。**相場の弱気を示すため、特に天井圏で出現すれば売りのサインと考えます。**黒三兵のバリエーションには、3本の陰線が大引けで最安値を付け着実な相場の弱気を示す「坊主三羽」、1本目の終値と2本目の始値、2本目の終値と3本目の始値が同じ価格となり、強い下降を示唆する「同時三羽」があります。

実践！　赤三兵は買いサインだが、高値圏で3本目のローソク足に上ヒゲが付いている場合は上昇の勢いが弱くなっているサインとなる。

パターン62 上昇を表す赤三兵・下落を表す黒三兵

【ソニー（6758）】

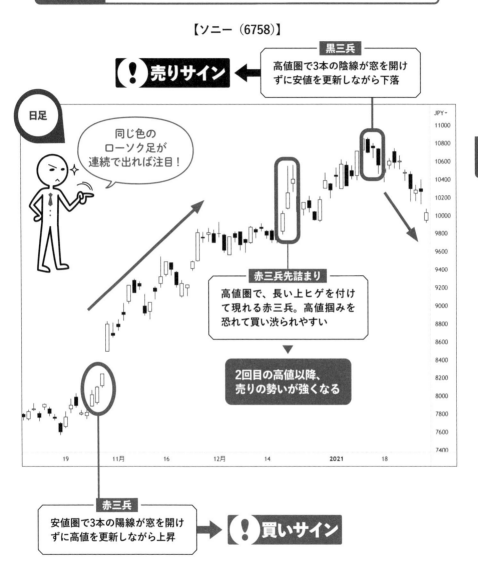

黒三兵
高値圏で3本の陰線が窓を開けずに安値を更新しながら下落

（！）**売りサイン**

日足

同じ色の
ローソク足が
連続で出れば注目！

赤三兵先詰まり
高値圏で、長い上ヒゲを付けて現れる赤三兵。高値掴みを恐れて買い渋られやすい

▼

**2回目の高値以降、
売りの勢いが強くなる**

赤三兵
安値圏で3本の陽線が窓を開けずに高値を更新しながら上昇

（！）**買いサイン**

プロのアドバイス

**同じ赤三兵でも、安値圏で出れば着実な上昇を表し、高値
圏で出れば上昇の鈍化を表すことになります**

酒田五法⑤
三法

三法は、トレンドから保ち合いに突入した際、再びトレンド方向に上昇・下落を続けていくのかを見極めるサインで、主に順張りで役立ちます。

トレンドの継続を確認できるサイン

　酒田五法の「三法（さんぽう）」は、トレンドが一度調整し、再度、上昇・下降が継続するポイントを判断するチャートパターンです。上昇相場では「上げ三法」、下降相場では「下げ三法」の2つに区別され、上げ三法の場合は「大陽線（186ページ参照）・保ち合い・大陽線」、下げ三法の場合は「大陰線（186ページ参照）・保ち合い・大陰線」が基本的な組み合わせとなります。

　上下どちらの三法も、**トレンドが一度保ち合い状態になり、それぞれの上限や下限をブレイクすることでトレンド継続を判断します。**

大陽線・大陰線のラインが肝になる

　上げ三法では、まず上昇トレンド中に大陽線が出現します。続くローソク足で高値を更新できない場合、大陽線の高値から水平線を引いておきます。しばらく保ち合いが続いた後、**高値から引いたラインを大陽線で上抜ければ上昇継続のサインとなります。**

　下げ三法はその逆で、下降トレンド中に大陰線を付けた後に保ち合いとなれば、前回の安値から水平線を引き、そのラインを大陰線で下抜ければ下降継続のサインです。

実践！　トレンド途中に保ち合いが発生すると、単なる調整か、反転の前段階なのかが判断しづらいが、三法を使うとその区別を行いやすい。

【トピー工業（7231）】

上げ三法

大陽線にはらまれる（内包する）ような値動きが続いた後、高値を更新

買いサイン

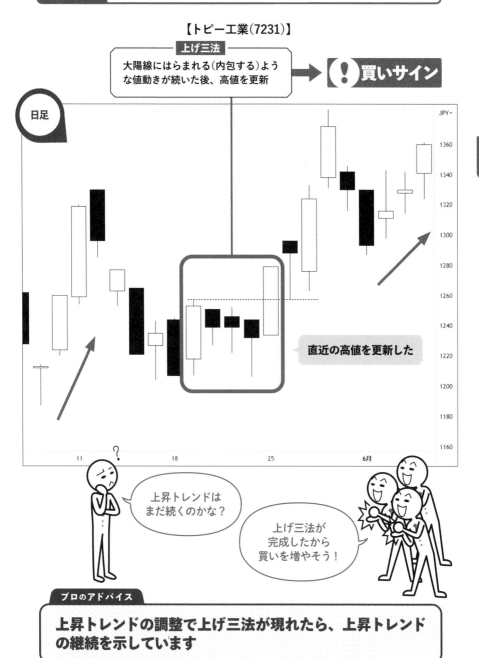

日足

JPY

1360
1340
1320
1300
1280
1260
1240
1220
1200
1180
1160

直近の高値を更新した

11　　18　　25　　6月

第**4**章
スイングトレードで勝てるチャートパターン

上昇トレンドは
まだ続くのかな？

上げ三法が
完成したから
買いを増やそう！

プロのアドバイス

上昇トレンドの調整で上げ三法が現れたら、上昇トレンドの継続を示しています

高値の前後に窓ができるアイランドリバーサル

相場の天井で現れるチャートパターンです。滅多に現れないですが、強い反転を表すサインのため見逃さないようにしましょう。

天井圏で現れる反転サイン

　アイランドリバーサルは、上昇相場の天井圏で現れる、**強い反転を示すチャートパターンです**。株価が窓開けした後に急騰し、高値圏で保ち合いが発生し、窓を埋める形で急落して急騰前の価格帯に戻ります。窓開けから窓埋めまでの形が離れ小島のように見えることから、「アイランド（島）リバーサル（反転)」と呼ばれています。

　また、下降相場でアイランドリバーサルと反対の形が出ると、こちらは「アイランドボトム」と呼ばれ、下降相場の底を示すサインと考えられています。

ダマシ対策は窓埋め後の下落を確認すること

　酒田五法の「三川宵の明星」「三川明けの明星」とも近い形状ですが、三川の場合、窓開けと窓埋めの間はローソク足１本です。対して、アイランドリバーサルやアイランドボトムでは窓開けから窓埋めの間に保ち合いが発生するため、複数のローソク足があるという違いがあります。

　アイランドリバーサルやアイランドボトムは、どちらも強めの反転サインですが、ダマシになる可能性もあります。

　それを避けるには「**窓埋め後、大陰線（大陽線）※が続くかどうか**」に**注目しておきましょう**。

用語解説

※大陰線・大陽線　　ほかと比べて実体が特に長い陰線・陽線のこと。大陰線は売りの勢いが強く、大陽線は買いの勢いが強い。詳細は186ページ参照。

【ファナック（6954）】

窓開け、保ち合い、窓埋め
が高値圏で発生した ➡ **(!) 売りサイン**

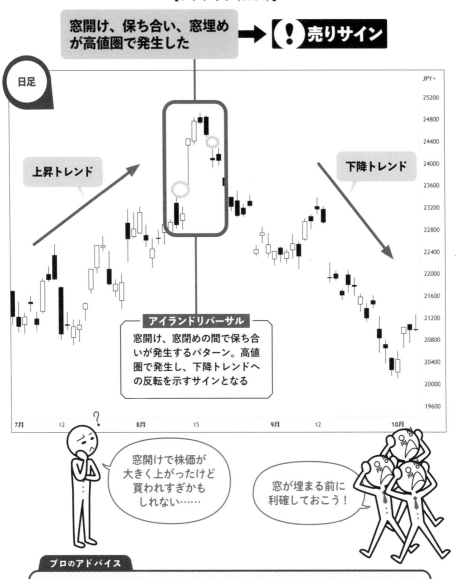

日足

上昇トレンド

下降トレンド

アイランドリバーサル
窓開け、窓閉めの間で保ち合
いが発生するパターン。高値
圏で発生し、下降トレンドへ
の反転を示すサインとなる

JPY～

25200
24800
24400
24000
23600
23200
22800
22400
22000
21600
21200
20800
20400
20000
19600

7月　　12　　8月　　15　　9月　　12　　10月

窓開けで株価が
大きく上がったけど
買われすぎかも
しれない……

窓が埋まる前に
利確しておこう！

第**4**章

スイングトレードで勝てるチャートパターン

プロのアドバイス

**三空踏み上げ（160ページ参照）のように、急な上昇は買わ
れすぎの印象を与え、売りが増えやすくなります**

反転がわかるダイヤモンドフォーメーション

ダイヤモンドフォーメーションは、名前の通りダイヤモンドのようなひし形の
チャートパターンで、相場の天井を示すサインになります。

高値圏でローソク足の拡散と収束が起こる

　あまり頻繁に出現するパターンではありませんが、ダイヤモンドフォーメーションは相場の高値圏で出現すると転換することが多く、天井を見極める際に役立ちます。

　特徴は、フォーメーションの前半部分では形状が逆三角形型に「拡散」し、後半では三角保ち合い型で「収束」するという2段構成になることです。前半の拡散部分では、高値を更新したと思えば次の動きで下振れ、上振れを繰り返し株価の方向性が均衡します。前半部分の高値と安値の値幅のなかで保ち合いが発生した後にダイヤモンドが崩れ、それまで蓄積されていた力が噴出する形で反転していく、という流れです。

　ダイヤモンドのブレイク後、**株価がどれくらい落ちるかの目安として、ダイヤモンドの高値と安値の値幅を目安とするのが一般的です。**

三尊・逆三尊とセットで覚える

　ダイヤモンドフォーメーションと似たチャートパターンに三尊（100ページ参照）がありますが、三尊はネックラインを引ける点で異なります。どちらもトレンド転換を示唆するチャートパターンのため、厳密な区別は必要ありませんが、**逆三尊が成立しない場合はダイヤモンドフォーメーション形成の可能性も視野に入れて分析を行うとよいでしょう。**

身につける！ 　高値圏で発生することも多いが、相場の底でダイヤモンドフォーメーションが発生し、上昇トレンドへの転換を示すこともある。

【ANA HD（9202）】

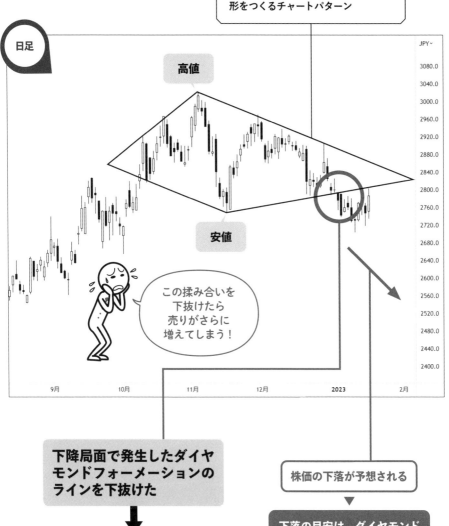

ダイヤモンドフォーメーション

中心部の値幅が大きく、両端に行くほど値幅が小さくなり、ひし形のような形をつくるチャートパターン

日足

高値

安値

この揉み合いを
下抜けたら
売りがさらに
増えてしまう！

JPY~
3080.0
3040.0
3000.0
2960.0
2920.0
2880.0
2840.0
2800.0
2760.0
2720.0
2680.0
2640.0
2600.0
2560.0
2520.0
2480.0
2440.0
2400.0

9月　　10月　　11月　　12月　　2023　　2月

第**4**章 スイングトレードで勝てるチャートパターン

下降局面で発生したダイヤモンドフォーメーションのラインを下抜けた

↓

 **売りサイン**

株価の下落が予想される

▼

下落の目安は、ダイヤモンドフォーメーションの高値から安値の値幅分

株価上昇がわかる
カップウィズハンドル

カップウィズハンドルは、株価上昇を示す、海外で人気のチャートパターンです。
取っ手付きティーカップに似ていることから名付けられました。

カップとハンドルの2つで構成される

　カップウィズハンドルは、比較的長めのスパンで形成され、**出現すると大きな上昇トレンドの発生を示唆するチャートパターンです**。取っ手付きのティーカップに似た形状をしている点が特徴です。

日足以上の時間軸で見る

　カップウィズハンドルは、株価が上昇した後に発生します。材料の発表などで注目されて株価が上昇し、一旦ピークを付けます。これがカップの左端部分です。その後、株価が下がると利食い（利確）売りや失望売りなどでカップの底が形成されますが、もともとの材料が本当によい材料であった場合、見直し買いが入って株価が駆け上がり、カップの右端ができます。最後のハンドル部分で再度株価が下落しますが、これはカップの左端の高値で買ってしまった投資家が買値まで戻ってきたタイミングで売る、いわゆる「ヤレヤレ売り※」です。売りが一巡して、ハンドルの左端の高値を上抜けることで買いが集中し、上昇の勢いがつくというわけです。

　時間軸が比較的長めのローソク足で有効なパターンのため、日足以上で確認するようにしましょう。

　派生系として、保ち合いが長期化し、カップ部分がお皿（ソーサー）のような形になる、ソーサーウィズハンドルというパターンも存在します。

用語解説

※ヤレヤレ売り　　値下りによって含み損を抱えたトレーダーが、買い値まで値上りしたときに売却すること。損失を出さず「ヤレヤレ」と胸をなでおろす心理が名前の由来。

パターン66 株価の上昇を示すカップウィズハンドル

【マキタ（6586）】

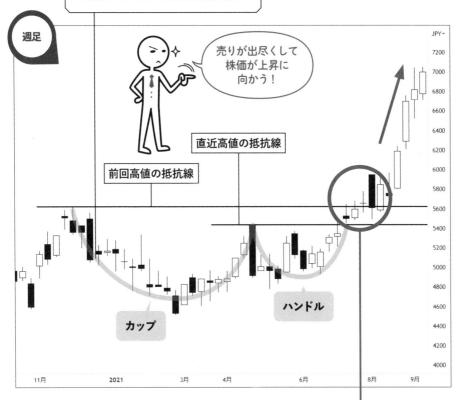

カップウィズハンドル
カップ左側の高値で買った投資家のヤレヤレ売りにより、一時的に売り圧力が高まってハンドル部分が形成される

週足

売りが出尽くして株価が上昇に向かう！

直近高値の抵抗線

前回高値の抵抗線

ハンドル

カップ

買いサイン

下降前の水準まで上昇後、一時的に下降してから再度上昇し高値を上抜けた

第4章 スイングトレードで勝てるチャートパターン

プロのアドバイス

株価が底をついた後すぐに飛び乗らずに、ハンドル部分がつくられるのを待ってエントリーしましょう

レンジ相場からの転換を狙うタートル・スープ

タートル・スープは、ダマシを使った逆張り戦略です。株価がレンジ相場の底値を割ったものの、反発してレンジ内に戻った際に買います。

レンジ相場のダマシを使って底値を狙う

　タートル・スープはトレンド方向へのブレイクアウト失敗を狙った逆張り手法です。著名なトレーダー集団である「タートルズ」が得意としていた「20日間の高値（安値）をブレイクしたら順張りする」戦略が、レンジ相場ではダマシになることが多かったため、この性質を利用し、タートルズと逆方向に仕掛ける戦略です。

　買いの場合、まず直近20日の最安値を探しましょう。**その最安値を更新したローソク足が出現したときが仕掛けるタイミングです**。最安値を更新したローソク足が、前回安値から4本以上離れていたら、前回安値の少し上に指値注文を置きます。約定したら、エントリーしたローソク足の少し下に損切りとして逆指値注文を置き、株価の上昇を待ちます（右上図参照）。この戦略の開発者は含み益が出た際の対応を解説していませんが、一般的には逆指値を引き上げる形でトレイリングストップ※されます。

エントリーを1本分遅らせて精度を上げる

　また、タートル・スープ戦略でもダマシが気になる場合は、エントリーするローソク足を1本分遅らせる「タートル・スープ・プラスワン」という戦略もあります。通常のタートル・スープ戦略と比べ、初動を取り逃がす可能性もありますが、その分、エントリー精度を上げられます。

用語解説

※トレイリングストップ　高値安値の変動に合わせ、リアルタイムで逆指値注文を自動修正する機能。売りの場合、株価が上昇すれば自動的に売却価格が切り上がる。

パターン**67** レンジ相場のダマシを狙うタートル・スープ

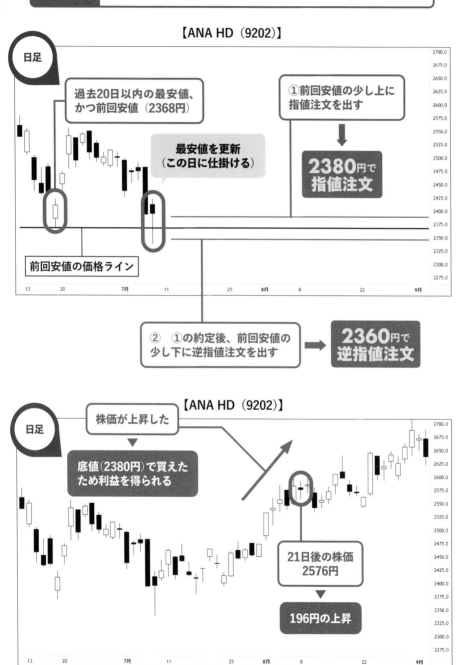

【ANA HD（9202）】

日足

過去20日以内の最安値、
かつ前回安値（2368円）

最安値を更新
（この日に仕掛ける）

①前回安値の少し上に
指値注文を出す

2380円で
指値注文

前回安値の価格ライン

② ①の約定後、前回安値の
少し下に逆指値注文を出す

2360円で
逆指値注文

【ANA HD（9202）】

日足

株価が上昇した

底値（2380円）で買えた
ため利益を得られる

21日後の株価
2576円

196円の上昇

第**4**章 スイングトレードで勝てるチャートパターン

問題❶——一目均衡表のポイント

上昇トレンドへの転換を示すポイントはどこ？①

【サイボウズ（4776）】

日足

雲

遅行線

転換線

基準線

三役好転のポイントを探す

　日本発のテクニカル指標、一目均衡表（132ページ参照）を使った買いサインをおさらいしましょう。上図は、サイボウズ（4776）の日足チャートです。このチャート以降、長期的な上昇トレンドが発生しました。

　チャート上には一目均衡表を表示させており、このテクニカル指標で最も注目すべき買いサイン「三役好転（134ページ参照）」が出現した後、実際に上昇トレンドが発生しています。さて、この三役好転が示す買いサインとはどのポイントでしょうか。

問題❷──チャートパターンのポイント

上昇トレンドへの転換を
示すポイントはどこ？②

【MonotaRO（3064）】

週足

> カップとハンドルは
> どんな形を
> していたっけ？

第**4**章

スイングトレードで勝てるチャートパターン

カップウィズハンドルを探す

　次は比較的長期のトレードで有用な「カップウィズハンドル（170ペー
ジ参照）」についておさらいしましょう。上図はMonotaRO（3064）の週
足チャートで、チャート中盤から終盤にかけて大きな上昇トレンドが発生
し、株価も約２倍になるまで買われています。

　この上昇を示唆するチャートパターンとしてカップウィズハンドルが
チャート内に存在するので、どこが「カップ」と「ハンドル」部分になる
のか、そしてどこがエントリーポイントかを探してみましょう。

解答❶──一目均衡表のポイント

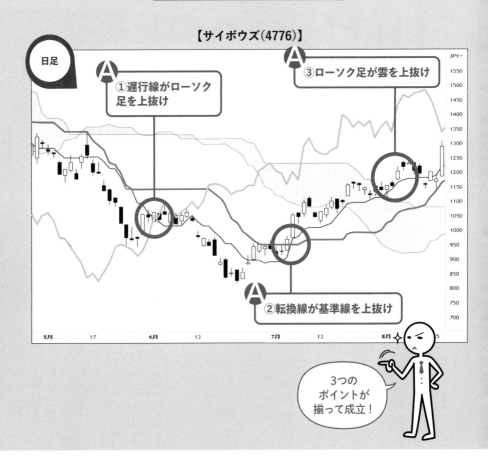

【サイボウズ（4776）】

日足

①遅行線がローソク足を上抜け

③ローソク足が雲を上抜け

②転換線が基準線を上抜け

3つの
ポイントが
揃って成立！

雲抜けが確認できれば完成

　三役好転は「遅行線がローソク足を上抜け」「転換線が基準線を上抜け」「ローソク足が雲を上抜け」、この3つのサインが揃うことが条件でした。今回のチャートでは、まず①遅行線がローソク足を上抜け、続いて②転換線が基準線を上抜け、③ローソク足が雲を上抜けの順でサインが揃い、三役好転が成立しました。つまり、三役好転を基準にエントリーする場合は、③が確認できたポイントとなります。

練習

解答❷──チャートパターンのポイント

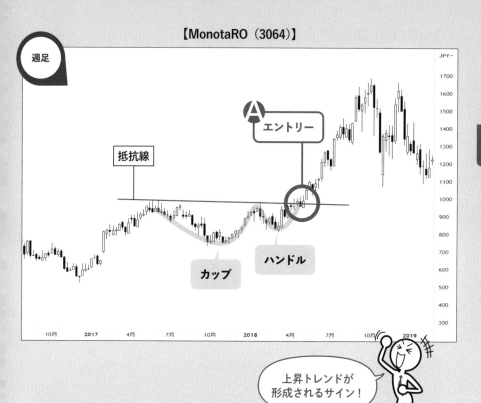

【MonotaRO（3064）】

週足

抵抗線

エントリー

カップ

ハンドル

上昇トレンドが
形成されるサイン！

第**4**章

スイングトレードで勝てるチャートパターン

高値から抵抗線を引く

　正解はこちらです。チャート前半から中盤まで続いた上昇が反転し、そこから調整しつつ緩く弧を描くように上昇した部分が「カップ」の部分です。ここまでの上昇で、チャート前半で買い含み損だった人が決済し、一度調整しつつ再度上昇することで「ハンドル」が完成します。

　最終的にカップの高値から引いた水平線をブレイクすることで「カップウィズハンドル」が完成しその後の上昇につながりました。

177

100%勝てる分析手法は存在しない

　チャート分析において、どれだけ優れた分析手法であっても「100%勝てる手法」、いわゆる「聖杯」は存在しません。チャート分析は、あくまで過去の価格などを用いて、現在の株価動向や将来の株価の方向などを知るためのものです。100メートルを10秒台で走れる選手がいたとして、次のレースにおけるおおよそのタイムは予想できますが、具体的な秒数は実際に走ってみないとわかりません。同様に、100%勝てる手法とは、言い換えれば「未来を予想できる」ことと同義で、実現不可能なのです。

　稼いでいるトレーダーはこの性質を十分に熟知しているため、彼らは「10戦10勝」を目指しません。トレード手法や期間にもよりますが、勝率が高い人でも8勝2敗など、必ず負けるトレードがあります。

デイトレードにおける勝率の考え方のイメージ

成功しているトレーダーでも負けることはある

1回目	2回目	3回目	4回目	…	9回目	10回目	結果
勝ち	勝ち	負け	勝ち	…	負け	勝ち	8回勝ち 2回負け

5〜8回目は勝ち　　2回負けても結果的に利益が残る

　彼らが重視しているのは勝率ではなく、複数回の勝負のなかで再現性のある手法を使い、利益を最大化することです。この考え方に従えば、聖杯探しには時間をかけず、相場の変化に合わせて自分のトレードスタイルと相性のよい打ち手を見つけることがより有意義なのです。

スキャルピングの基本

スキャルピングで勝てるチャートパターン

スキャルピングは、数秒〜数分という短い期間で取引を行います。ローソク足からわかる売買サイン、トレンドの掴み方、簡易なテクニカル指標など、ひと目で判断できるワザを紹介します。

Keywords

●歩み値

●ローソク足分類

●ローソク足パターン

●ローソク足組み合わせ

●抵抗線・支持線

●トレンド

●VWAP

スキャルピングの基本①
歩み値の基本要素

歩み値は相場の勢いや方向性を細かく把握できるツールです。チャート分析と合わせて使うとより精度を高められます。

チャートと併せて注文情報も判断材料にする

　株式のトレード、特に短い時間軸で取引を繰り返すスキャルピングにおいて、「注文情報」は株価の動向を予測する強力なツールです。

　26ページで解説した注文板も注文情報のひとつですが、このほか、すでに取引された履歴を表示する「歩み値」があります。

　歩み値は、約定した取引を1件ずつ、時系列に表示したものです。 ツールによって配色は違いますが、取引ごとに「株価が上昇して上の売り板が買われた場合」「価格が下落して下の買い板が売られた場合」「価格が変わらない場合」を異なる色で表示し、区別しています。また、取引1件につき「売買時刻」「出来高」「約定値」の3つの数値がわかります。

出来高グラフだけではわからない動向を把握できる

　歩み値の最大の特徴は「大口投資家※の動向」が把握できる点です。 出来高（108ページ参照）を見れば売買されたおおよその株数は分析できます。しかし、1分足の出来高が1万株だった場合、その1万株は「100株の小口投資家が100回売買した1万株」なのか「1万株の大口投資家が1度売買した1万株」なのかまではわかりません。

　ところが、歩み値ならすべての取引が時系列で表示され、そうした投資家ごとの特徴を見分けることができるのです。

用語解説
※大口投資家　　　　保険会社や銀行など、集めた資金を運用する法人投資家のこと。個人投資家に比べて扱う金額が大きい。機関投資家とも呼ばれる。

歩み値から読み取れる情報

【良品計画（7453）】

1件の取引ごとに「時刻」「出来高」「約定値」が記される

一番上に最新の売買が掲載される

時刻	出来高	約定値
11:28:19	200	1,385
11:28:19	500	1,385
11:28:19	200	1,385
11:28:19	100	1,385
11:28:19	500	1,385
11:28:19	900	1,384
11:28:19	600	1,384
11:28:19	1,000	1,385
11:28:19	300	1,385
11:28:19	100	1,384
11:28:19	400	1,384
11:28:19	14,600	1,385
11:28:19	2,600	1,384
11:28:18	100	1,384
11:27:01	100	1,384
11:27:01	200	1,384
11:26:55	200	1,384
11:26:24	500	1,384

価格が変わらなかった取引（アプリでは黄色で表示）

売り板が買われた際の取引（アプリでは赤色で表示）

買い板が売られた際の取引（アプリでは緑色で表示）

古い情報は下に表示されていく

※ツールによって配色は異なる

出所：楽天証券

リアルタイムで注文情報が1件ずつわかる！

1万株を超える大口の取引を発見

▼

小口取引が重なって出来高が増加したケースと区別できる

スキャルピングの基本②
歩み値で強い買いを探す

大口投資家によって株価の動向が変わることが多くあります。歩み値から大口投資家の動向を探り、その動きに乗ることで利益を上げやすくなります。

売買の強弱を意識する

　スキャルピングにおいては、テクニカル指標を使った分析のほか、「売買の強弱」を見極めることも重要です。

　例えば、ある銘柄が上がるという非常に確度の高い情報をトレーダーが得たとしたら、**すでに出ている売り注文に買い注文をぶつけ※、株式を購入します。これが「強い買い」です**（181ページで解説した楽天証券の歩み値では赤色の文字で表示される）。一方、特に情報はないものの、ある銘柄が中長期的に上昇しそうな場合、現在価格の下に指値で注文を入れることがあります。これは、すぐに買わなくてもよい「弱い買い」です。

大口投資家の動きに乗じてトレードする

　スキャルピングで意識しなければならないのは前者です。特に**大口の売買は株価のトレンドが変わるきっかけになる**ため、その動向は必ず押さえる必要があるのです。この動向を確認できるのが歩み値ということです。

　あくまで目安ですが、小型株で１本1000万円以上の買いが出た場合は、基本的に買いサインと考えてよいでしょう。大口投資家の動き次第で株価の動向が100％決まるわけではありませんが、彼らは個人投資家よりもはるかに正しい動きをします。歩み値で大口投資家の動きをいち早く察知し、その動きに乗る手法は、スキャルピングにおいて欠かせません。

用語解説	
※ぶつける	すぐに株式を売買するため、注文板に出ている気配値で取引すること。指値注文、成行注文、どちらでも行える。「板にぶつける」ともいう。

「弱い買い」と「強い買い」の違い

弱い買い

売数量	値段	買数量
	成行	
565,500	OVER	
8,800	1,409	
10,700	1,408	
11,300	1,407	
26,300	1,406	
42,000	1,405	
24,300	1,404	
19,400	1,403	
22,800	1,402	
36,200	1,401	
6,500	1,400	
	1,399	10,600
	1,398	18,200
	1,397	23,600

この銘柄は
将来株価が上がり
そうだから
割安なタイミングで
買いたい

すぐに買う必要はな
いため、安い株価で
注文を入れること

強い買い ◀ スキャルピングで重要！

○○の情報が
発表されて
株価が上昇中！
今すぐに買いたい！

売数量	値段	買数量
	成行	
565,500	OVER	
8,800	1,409	
10,700	1,408	
11,300	1,407	
26,300	1,406	
42,000	1,405	
24,300	1,404	
19,400	1,403	
22,800	1,402	
36,200	1,401	
6,500	1,400	
	1,399	10,600
	1,398	18,200
	1,397	23,600

売りの最良気配以上
の価格で買いをぶ
つけること

▼
特に大口投資（小型株では1本1000万円以上）は買いサイン

(例) 強い買いのうち、「出来高が1万株、約定価格が1401円」の取引を歩み値で発見

1万株×1401円＝1401万円の取引とわかる

スキャルピングの基本③ 歩み値を使った売買の例

歩み値を使ったトレードをマスターできるよう、実際に大口注文が入りトレードのチャンスが生まれた例を見てみましょう。

大口の買いが集中したタイミングで買い

　ここでは先ほどから解説してきた歩み値を使い、株価動向の「裏側」を知るための実践例を紹介していきます。

　右上図は、１月24日のバンク・オブ・イノベーション（4393）の１分足チャートです。チャート前半（12時台）から買われ続け、13時30分ごろに天井を付けて反転する動きをしています。

　ここで、この時間の歩み値を見てみると、12時41分の7150円2100株の歩み値以降、短時間で大口（この場合、2000株以上）の買いが複数回出続けたことを示しています。

　短期のトレーダーは大口の動向を逐一チェックしていますし、**株価に勢いが出るとそれに追従するトレーダーも参加してきます。**こうした市場参加者の動きを受けて、同社の株価は１時間ほどで約400円値上がりしました。この間にスキャルピングを繰り返すと利益につながります。

引き際も大口の注文から探る

　この上昇は大口の買いをきっかけにしているため、天井も大口の動向に大きく影響を受けます。歩み値を見ると、**13時33分に7480円2400株の売りが出ており、短期トレーダーが大口の売りが出たと判断して売りに転じたと考えることができます。**ここが引き際になります。

身につける！	歩み値から大口の買い注文を発見したら買いサイン。大口の売り注文を見つけたら売りサインとなる。

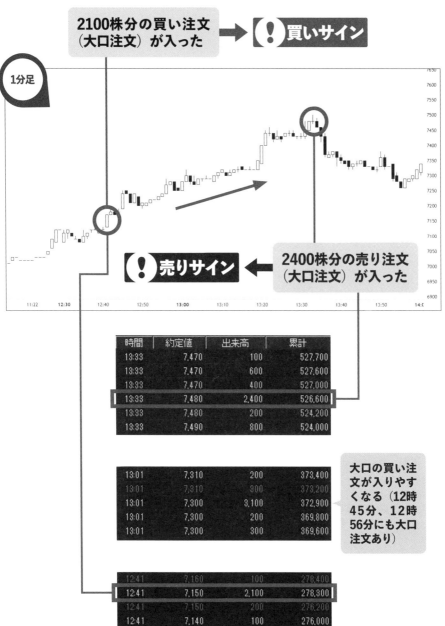

パターン68 歩み値から読んだ大口注文に沿ってトレードする

【バンク・オブ・イノベーション(4393)】

2100株分の買い注文（大口注文）が入った　➡ **(!) 買いサイン**

1分足

(!) 売りサイン ⬅ 2400株分の売り注文（大口注文）が入った

時間	約定値	出来高	累計
13:33	7,470	100	527,700
13:33	7,470	600	527,600
13:33	7,470	400	527,000
13:33	7,480	2,400	526,600
13:33	7,480	200	524,200
13:33	7,490	800	524,000

13:01	7,310	200	373,400
13:01	7,310	300	373,200
13:01	7,300	3,100	372,900
13:01	7,300	200	369,800
13:01	7,300	300	369,600

大口の買い注文が入りやすくなる（12時45分、12時56分にも大口注文あり）

12:41	7,160	100	278,400
12:41	7,150	2,100	278,300
12:41	7,150	200	276,200
12:41	7,140	100	276,000

第5章 スキャルピングで勝てるチャートパターン

185

ローソク足の見方①
大陽線・大陰線

実体が長い陽線、陰線はそれぞれ買いと売りの勢いが強い状態を示しています。
なかでも、上下のヒゲが付かない場合は特に勢いが強いといえます。

勢いの強さがわかる大陽線・大陰線

　スキャルピングでは、瞬発的に売買を判断できるように簡潔な売買サインを把握する必要があります。例えば、ローソク足には陽線と陰線がありますが、始値と終値との距離によって示唆する意味合いが変化します。ローソク足の実体が上方向に長い陽線のことを「大陽線」と呼びます。仮に1時間足で大陽線が出現した場合、その1時間の間は買い圧力が強く、大きく価格上昇してほとんど下げずに終わった状態となり、**次のローソク足でも買いの勢いが継続する可能性が高いと分析できます**。反対に、大陰線は一貫して売り圧力が強く、大した上昇もなく終えている状態を示すため、次のローソク足でも売りの勢いが強いと考えられます。

ヒゲがない大陽線・大陰線は特に勢いが強い

　大陽線・大陰線のなかでも、上ヒゲと下ヒゲがないものは「陽線坊主」「陰線坊主」と呼ばれます。陽線坊主の場合、始値より安い値を一度もつくらず、かつ高値と終値が同値であり、高値を常に更新し続けて一度も押し目をつくっていない状態です。**通常の大陽線よりもさらに買いの勢いが強く、次のローソク足まで上昇が継続する可能性を示唆しています**。

　陰線坊主は、始値よりも上で高値を一度も付けず、安値も一切戻りを許さずに終わっているため、売りの勢いが一方的だったことを示します。

プラスα　**実体が短いローソク足はそれぞれ「小陽線」「小陰線」と呼ばれる。これが多く出現した際は、勢いの弱い状態だと推測される。**

パターン69 強い買いの勢いを示す大陽線

実体の長さ（始値と終値の距離） ＝ 値動きの勢いの強さ

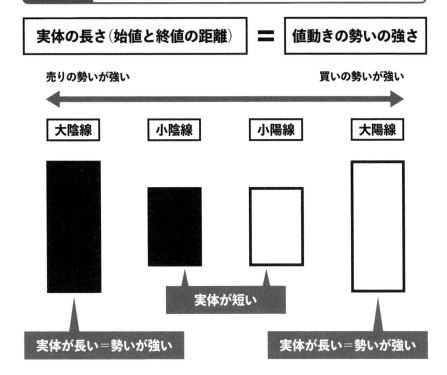

売りの勢いが強い　　　　　　　　　　　　　買いの勢いが強い

大陰線　　　小陰線　　　小陽線　　　大陽線

実体が短い

実体が長い＝勢いが強い　　　実体が長い＝勢いが強い

【マネックスグループ（8698）】

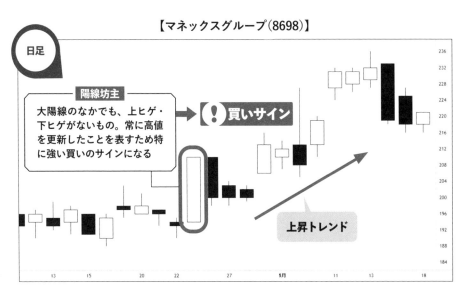

日足

陽線坊主
大陽線のなかでも、上ヒゲ・下ヒゲがないもの。常に高値を更新したことを表すため特に強い買いのサインになる

！買いサイン

上昇トレンド

ローソク足の見方②
同時線の種類

同時線とは、始値と終値がほぼ同じ価格になるローソク足であり、ヒゲの有無によって4種類に分類されます。いずれも方向感が読みづらい点が特徴です。

実体が現れないローソク足

36ページにおいて、ローソク足には陽線と陰線の2種類があることを解説しました。しかし、実はもうひとつ、陽線にも陰線にもならないケースが存在します。

それは、**始値と終値がほぼ同じ価格で付いたときに現れる「同時線」というローソク足です。**始値と終値がほぼ同じのため、実体がない、あるいは実体が見えないくらい薄い点が特徴です。

同時線はヒゲで4つのパターンがある

同時線は、ヒゲの有無や場所によって呼び方が変わります。

例えば、ヒゲがまったくない同時線は「一本線」、上下にヒゲがある場合は「十字線」、下ヒゲのみある場合は「トンボ」、上ヒゲだけの場合は「トウバ※」と呼ばれます。一本線はまったく株価の変動がなかったことを示し、十字線は途中で株価が上下したが最終的には始値とほぼ同じ価格が付いたことを示します。

いずれも、特定の時間軸において売りと買いの勢いが拮抗しており、**今後の値動きも読みづらくなります。**チャート上の出現する場所によって捉え方は変わりますが、まずは「方向感が読みづらい形状」と覚えておきましょう。

用語解説

※トウバ　　　　　　　　漢字で書くと「塔婆」。お墓に立てる塔婆に形が似ていることから名付けられた。トンボも虫のトンボに形が似ていることが由来。

同時線の4つのパターン

いずれも株価が
拮抗した状態のため
慎重になる
必要があります

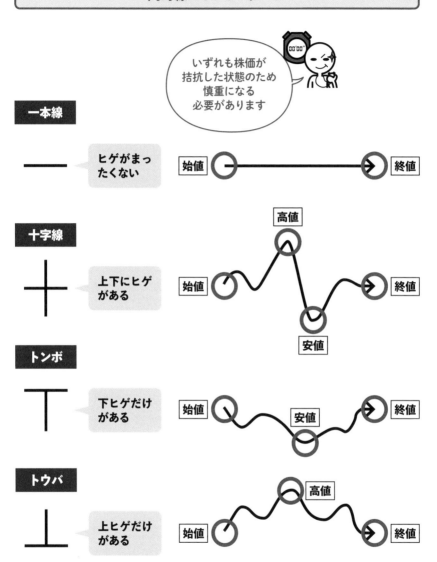

一本線

ヒゲがまったくない

始値 ──────────→ 終値

十字線

上下にヒゲがある

高値

始値　　　　　　　　　終値

安値

トンボ

下ヒゲだけがある

始値　　　安値　　　終値

トウバ

上ヒゲだけがある

高値

始値　　　　　　　　　終値

プロのアドバイス

同時線は方向感を読みづらいため、ヒゲが出現した場所も併せて分析しましょう

ローソク足の見方③
大底圏で現れる大陽線

大陽線単体でも株価の上昇傾向を表しますが、大底圏で出来高の上昇を伴って大陽線が出現すれば、より強い上昇トレンドのサインとなります。

銘柄の人気度を表す出来高に注目

　ローソク足は単体でも有用な分析手法ですが、ほかの指標と組み合わせるとより効果的です。比較的ポピュラーな組み合わせとして、出来高と一緒に分析する方法があります。

　例えば、**相場の底値圏、特に大底圏※で出来高の増加と大陽線がセットで出現すれば、転換のサインと考えられます**。108ページでも説明しましたが、出来高はその株が売買された取引量を示したものです。見方を変えると「その銘柄の人気度を示す指標」といえます。

　売る側と買う側の双方からたくさんの希望者が出てくると、取引が活発化して、出来高の棒グラフも大きくなり、たくさんの市場参加者から注目されているとも考えられます。反対に、出来高のグラフが小さいときは、誰にも見向きもされていない状態、ということになります。

上昇を示す2つのサイン

　この出来高の性質を踏まえると、底値圏で出来高が急増した場合、何らかのきっかけで「これから株価が上がる」と予想した人が増加して買いが集中し、**先に出来高が上がって株価も追随して上がります**。この際、出来高急増に伴ってローソク足が大陽線となった場合、本格的な上昇トレンドへの転換を示唆しているとされ、注目しておきたいサインのひとつです。

用語解説
※大底圏　　　　　　　相場で安値が付いた価格帯（底）のうち、最も安い値段が付いたところ。

パターン70 底値圏（大底圏）での出来高を伴った大陽線

【スノーピーク（7816）】

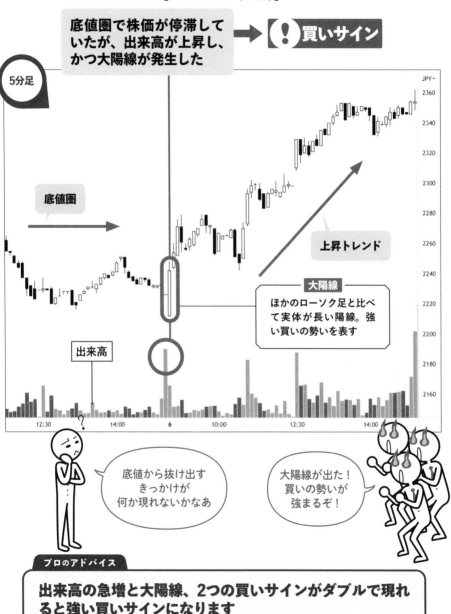

底値圏で株価が停滞していたが、出来高が上昇し、かつ大陽線が発生した → 【!】買いサイン

5分足

底値圏

上昇トレンド

大陽線
ほかのローソク足と比べて実体が長い陽線。強い買いの勢いを表す

出来高

底値から抜け出すきっかけが何か現れないかなあ

大陽線が出た！買いの勢いが強まるぞ！

プロのアドバイス

出来高の急増と大陽線、2つの買いサインがダブルで現れると強い買いサインになります

ローソク足の見方④ ヒゲが長いローソク足

ローソク足の分析を行ううえで「ヒゲ」の存在も忘れてはいけません。長いヒゲが上にあるか、下にあるかによって相場の勢いが判断できます。

ヒゲができる位置によって4つのパターンがある

　ヒゲは、高値・安値と始値・終値の差分がある場合に出現するものです。陽線の場合、下側にヒゲが伸びれば「下影陽線」、上側に伸びれば「上影陽線」と呼ばれます。陰線は、下側にヒゲが伸びれば「下影陰線」、上側にヒゲが伸びれば「上影陰線」と呼ばれ、それぞれ意味が違います。

　下影陽線は、一度売られるも買いの勢いが強かったことを示し、相場の底で出現すると上昇への転換サインと考えられます。一方、上影陽線は高値圏で売りに押し戻されたものの、最終的に買いの勢いが勝っているため、相場の底で出現すると上昇への転換サインと考えられますが、上値の重さも示しています。

同時線に長いヒゲが付けば転換サイン

　下影陰線は最終的に売り優勢となったものの、一時的に買いの強い抵抗があったことから、相場の天井圏では下降への転換、相場の底では上昇への転換を示唆します。上影陰線は、一時的に買いが優勢でしたが、最終的には売りの抵抗が強く優勢となっています。そのため、天井圏では下降への転換サインとされています。

　また、同時線に長い上ヒゲ・下ヒゲが付くケースもあり、こちらはそれぞれ**相場の天井や底で出現すると転換のサインとなります。**

プラスα　下影陽線・下影陰線で上ヒゲがないものは「カラカサ」と呼ばれ、上影陽線、上影陰線で下ヒゲがないものは「トンカチ」と呼ばれる。

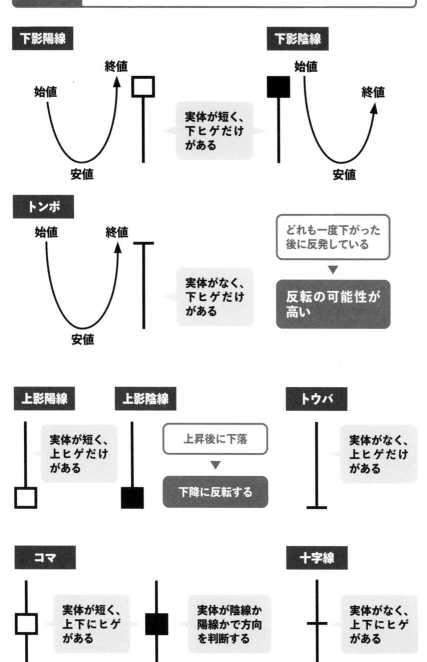

下影陽線

始値
終値
安値

下影陰線

始値
終値
安値

実体が短く、
下ヒゲだけ
がある

トンボ

始値
終値
安値

実体がなく、
下ヒゲだけ
がある

どれも一度下がった
後に反発している

反転の可能性が
高い

上影陽線

実体が短く、
上ヒゲだけ
がある

上影陰線

上昇後に下落

下降に反転する

トウバ

実体がなく、
上ヒゲだけ
がある

コマ

実体が短く、
上下にヒゲ
がある

実体が陰線か
陽線かで方向
を判断する

十字線

実体がなく、
上下にヒゲ
がある

第**5**章 スキャルピングで勝てるチャートパターン

下影陽線・下影陰線は
急落後の上昇のサイン

下影陽線、下影陰線は「売り渋り」が起きているサインです。特に、急落時に現れたときは買いサインとなります。

下影陽線・下影陰線は下落後に出ると注目

　下影陽線や下影陰線は買いサインとして機能します。特に注目したいのが、**急落、もしくはしばらく株価が下降した後に出るケース**です。それまで売り圧力があった状態から買いの反発が発生し、市場参加者に反発が意識されやすくなります。さらに、下影陽線であれば、実体部分が陽線であるため、より強い反転のサインと考えられます。

　そうした性質が顕著に出たのが右上図のケースです。チャート中盤まで揉み合いが続いていましたが、16日の寄付で下影陰線が出現し、その後、2本揉み合ってから上昇に転じています。これも、市場が開いた直後は大きく売られましたが、同時に買いの抵抗力が強く、続く動きで下げられなかったことで相場が上昇に向かって反転したというわけです。

　スキャルピングで買いエントリーする際にも、**下ヒゲのあるローソク足を確認しておくことで反転時にエントリーしやすくなります**。

上昇トレンドの初動になるケースもある

　右下図のように、下ヒゲのあるローソク足のなかでも、**実体が大陽線のように長い場合は要注目**です。下げ（下ヒゲ部分）がダマシとなり、空売りの損切りを巻き込んで株価が上昇するため、トレンド発生の初動として考えることができます。

身につける！ 株価が急落、もしくは下降した後に下影陽線・下影陰線が出ると、強い買いのサインとなる。また、実体部分が長い場合も買いサイン。

パターン72 下落後に出現する下ヒゲの長いローソク足

【スクウェア・エニックス・HD（9684）】

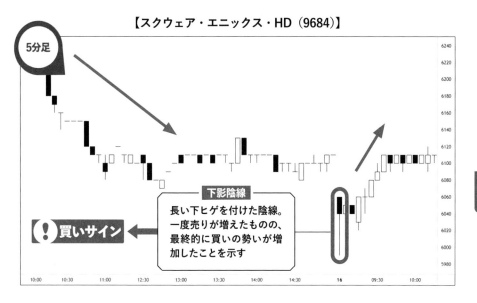

5分足

下影陰線

長い下ヒゲを付けた陰線。
一度売りが増えたものの、
最終的に買いの勢いが増
加したことを示す

(!) 買いサイン

パターン73 実体が長く、かつ下ヒゲの長いローソク足

【Sansan（4443）】

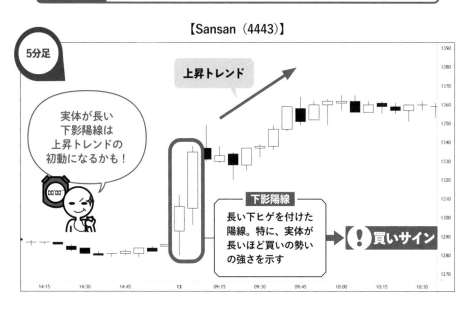

5分足

上昇トレンド

実体が長い
下影陽線は
上昇トレンドの
初動になるかも！

下影陽線

長い下ヒゲを付けた
陽線。特に、実体が
長いほど買いの勢い
の強さを示す

(!) 買いサイン

上影陽線・上影陰線は急騰後の下落のサイン

エントリー後に株が急騰したとき、もしくは、相場の急騰後に相場の反転を見極めたいときに有効なのが「上ヒゲのあるローソク足」です。

急騰から急落する際のサイン

上影陽線、上影陰線（192ページ参照）は天井圏で出現すると下降への転換サインとなりますが、この特性が顕著に現れやすいのが急騰時です。

好材料が発表されたときは、買い圧力が一気に強まり、株価が急騰することが多くなります。このとき、急騰したローソク足やその後のローソク足で、長めの上ヒゲが付くことがあります。

これは、直前の急騰を見た短期勢が飛びついただけで買いの勢いが続かない、もしくは売り圧力がより強い場合に発生しやすく、**急騰から一転して売られるケースがよくあります。**

そのため、急騰時に長めの上ヒゲを持つローソク足が出現した場合、その前に買っていれば利確を検討したほうがよいでしょう。相場の反転可能性が高まることを踏まえると、空売りのチャンスとも考えられます。

上昇トレンドの初動でも現れることがある

ただし、右下図のように、急騰後に長めの上ヒゲのあるローソク足が出現しても、**上昇トレンドの初動として、その後高値を超える場合もあります。**「上ヒゲのあるローソク足が出たら空売り」というルールでトレードした場合、損切りラインを「上ヒゲまで」といったように、あらかじめ決めておくとよいでしょう。

身につける！ 上影陽線・上影陰線が出現しても下落につながらないことがあるため、空売りでは常に損切りラインを意識する。

【フリー（4478）】

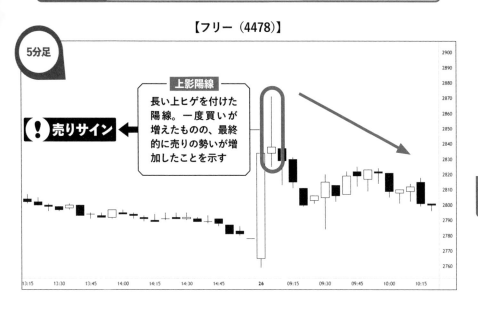

5分足

上影陽線

長い上ヒゲを付けた陽線。一度買いが増えたものの、最終的に売りの勢いが増加したことを示す

！売りサイン

【ユーグレナ（2931）】

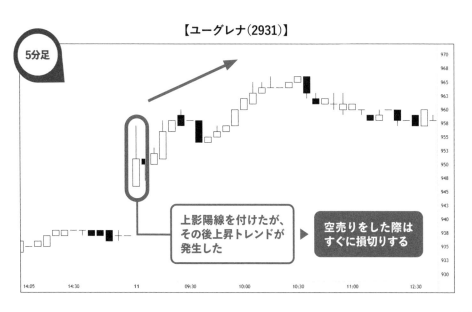

5分足

上影陽線を付けたが、その後上昇トレンドが発生した

空売りをした際はすぐに損切りする

第**5**章 スキャルピングで勝てるチャートパターン

2本のローソク足パターン
抱き線・はらみ線

ローソク足は1本でも分析が可能ですが、2本を組み合わせそれぞれの形状によって出現するパターンを分析することで、より精緻な分析を行えます。

1本目のローソク足を2本目が覆う「抱き線」

「抱き線（包み線）」とは、2本のローソク足のうち、2本目のローソク足の実体のなかに、1本目のローソク足がヒゲごと収まる組み合わせです。2本のローソク足がともに陽線・陰線となるパターン①②（右図参照）と、陽線・陰線、陰線・陽線の組み合わせとなるパターン③④がありますが、**特に注目するべきはパターン③④です。**

　下降相場の安値圏で④陰線が先、陽線が後の抱き線が出現すると底打ちを示します。反対に、上昇相場の高値圏で③陽線が先、陰線が後の抱き線が出現すると天井のサインとして知られています。

1本目のローソク足が2本目を覆う「はらみ線」

「はらみ線」は、2本のローソク足のうち、1本目のローソク足の実体のなかに、2本目のローソク足がヒゲごと収まる組み合わせです。**はらみ線も、相場の天井や底を示唆するパターンです。**抱き線と同様、陰線と陽線の組み合わせによって4つのパターンがあります（右図参照）。

　上昇相場で①大陽線のなかに小陽線をはらむ形状、または③大陽線のなかに小陰線をはらむ形状が出現すれば天井を示します。反対に、下降相場で②大陰線のなかに小陰線をはらむ形状、または④大陰線のなかに小陽線をはらむ形状が出現すれば、相場の底と判断されます。

身につける！　上昇相場で、1本目が陽線、2本目が陰線の抱き線、またはらみ線が現れると天井のサインとなる。

パターン75　2本のローソク足の組み合わせ 抱き線・はらみ線

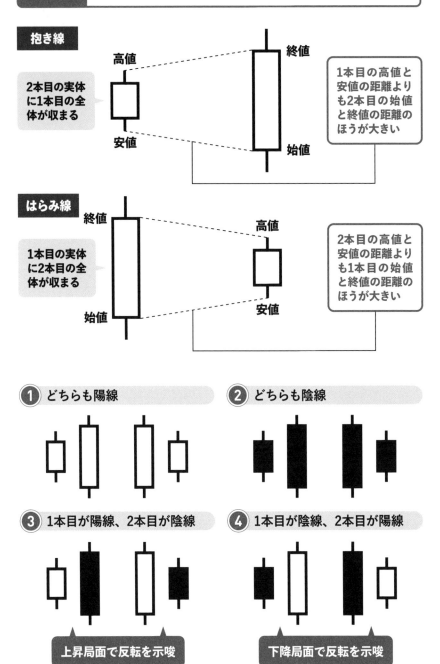

抱き線

高値

終値

2本目の実体に1本目の全体が収まる

安値

始値

1本目の高値と安値の距離よりも2本目の始値と終値の距離のほうが大きい

はらみ線

終値

高値

1本目の実体に2本目の全体が収まる

始値

安値

2本目の高値と安値の距離よりも1本目の始値と終値の距離のほうが大きい

① どちらも陽線

② どちらも陰線

③ 1本目が陽線、2本目が陰線

④ 1本目が陰線、2本目が陽線

上昇局面で反転を示唆

下降局面で反転を示唆

199

かぶせ線・切り込み線・差し込み線

抱き線・はらみ線のほかにも、2本のローソク足の組み合わせが3つあります。かぶせ線、差し込み線は売りサイン、切り込み線は買いサインです。

大陽線の中心線を下回るかぶせ線

かぶせ線は、大陽線と陰線の組み合わせです。1本目が大陽線で、2本目は高値で寄り付きながら、直前のローソク足の中心線よりも下げ、陰線で終わった組み合わせのこと。

特に、**高値圏でかぶせ線が出ると、相場の天井を示唆するといわれています**。抱き線やはらみ線よりも弱いサインですが、安値で買って含み益が出ている状況などでは、利確も視野に入れるとよいでしょう。

かぶせ線の2つの派生形

かぶせ線の派生として「切り込み線」「差し込み線」というパターンもあります。**切り込み線は、かぶせ線の反対で、大陰線と陽線の組み合わせです**。大陰線が出たら、次の足が安値で寄り付き、直前のローソク足の中心線を実体が超え、陽線で終わった状態ということです。直前の売り圧力を跳ね返す形となるため、基本的には買いサインです。

差し込み線も大陰線と陽線の組み合わせですが、**切り込み線と違うのは、1本目の中心線を2本目の実体が超えないという点です**。上値が抑えられているため、こちらは売りサインとされています。特に、下降相場で出ると再び売り圧力が強くなることが多いため、戻り売りのチャンスと考えておくとよいでしょう。

実践！ 下降局面で切り込み線が出た場合は、下降から上昇への反転を示すため、買いサインを示す。

かぶせ線

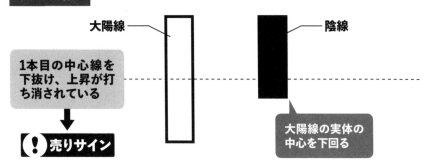

大陽線

陰線

1本目の中心線を
下抜け、上昇が打
ち消されている

➡ **（！）売りサイン**

大陽線の実体の
中心を下回る

切り込み線

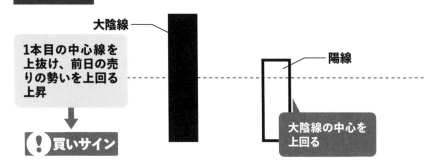

大陰線

陽線

1本目の中心線を
上抜け、前日の売
りの勢いを上回る
上昇

➡ **（！）買いサイン**

大陰線の中心を
上回る

差し込み線

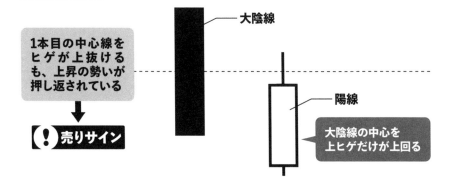

大陰線

陽線

1本目の中心線を
ヒゲが上抜ける
も、上昇の勢いが
押し返されている

➡ **（！）売りサイン**

大陰線の中心を
上ヒゲだけが上回る

ローソク足が大きな
間隔を開ける窓開け

160ページで解説した「三空」でも窓について触れましたが、スキャルピングにおいても、窓の特性を利用した戦略を立てることができます。

窓開け後は窓がいつ埋まるかを意識する

窓は、ローソク足の間に大きな間隔があるパターンのこと。上方向への窓開けはギャップアップ（GU）、下方向への窓開けはギャップダウン（GD）と呼ばれます。

窓の特性としてまず覚えておきたいのが、どちらに窓が開いたにせよ、**将来的に窓のスペースを埋めるように株価が動く「窓埋め」が発生する可能性が高くなるという点です**。窓開け直後に埋めるのか、時間をかけて埋めるのかは銘柄によりますが、窓開けと窓埋めはセットで発生することを覚えておくと、株価の方向性を判断する際のヒントとなります。

寄付の窓開けに注目した戦略

窓開けは寄付で発生しやすい、という性質を利用してトレードを行う戦略も存在します。例えば、**当日寄付でギャップダウンした場合、相場の状況次第ではすぐに買いが入ってリバウンドするケースがある**ので、その動きを想定して買うという戦略です。銘柄に上昇の勢いがあることが前提ですが、うまくエントリーできれば安いところで買うことができます。

一方、寄付でギャップアップした場合、上方向への勢いが強いことを前提として、ギャップアップ直後ではなく、一度押した（押し目ができた）タイミングでエントリーするのも効果的です。

実践！ 急落して窓が空いた場合、売りたくても売れなかった人が窓埋めの直前で売りを行うため、窓のスペースが抵抗線となることも多くある。

【サイボウズ（4776）】

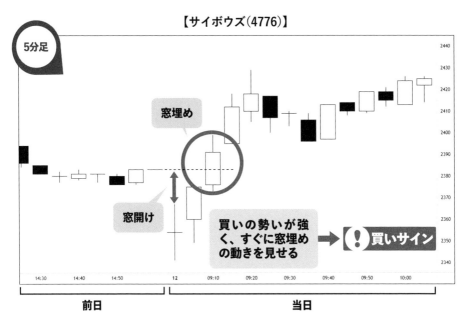

前日 **当日**

ギャップダウンから窓埋めまで時間がかかる場合

【サイボウズ（4776）】

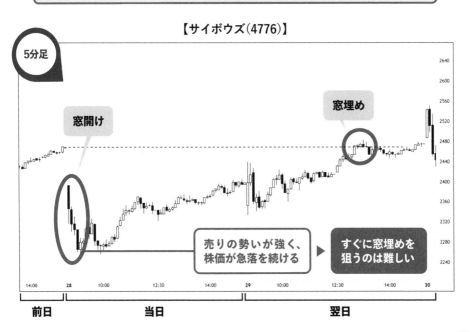

前日 **当日** **翌日**

第**5**章 スキャルピングで勝てるチャートパターン

連続したローソク足から値動きを読み解く

寄付付近のローソク足の流れを見ることで、その後トレードのチャンスがいつ訪れるのか、予測しやすいことがあります。

寄付と大引けの流れを把握する

　株価の値動きは一定ではないため、完全に同じ値動きになるわけではありませんが、俯瞰で見ると状況によっては大まかに「傾向」として分類できるケースがあります。

　寄付から大引けまでの1日の値動きで考えてみましょう。寄付で大きく売られた、もしくはギャップダウンによって下げた場合、日中は横ばいになり大引け前に上昇するパターンがよくあります。これは、突発的に売り圧力が高まったものの、早い時間しか売りに勢いがつかず、時間が経つごとに買いの抵抗が強まったことで保ち合いとなり、最終的に買いの勢力が勝ったことで上昇となったというわけです。

　右上図のように、**寄付付近で勢いよく売られ、保ち合いが発生した後、リバウンド狙いのエントリーが機能する可能性があります。**

寄付で買いの勢いがあれば日中も買われやすい

　強い上昇トレンドが発生しているケースも考えましょう。寄付で大きく買われた、もしくはギャップアップが発生した場合、**日中の値動きで寄付付近の高値を超えることが多いです。**そのため、移動平均線などで強い上昇トレンドが発生しているのを把握したうえで、寄付で強く買われた際には、その高値を更新したところで買いを入れるという戦略も効果的です。

実践！　寄付で大きく売られ、大引け前にリバウンドする形は、銘柄問わず発生しやすい。デイトレード、スキャルピング、両方で狙えるポイントだ。

パターン78 寄付で大きく売られたときの買いポイント

【ANA HD（9202）】

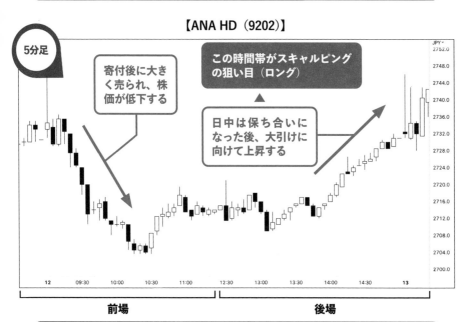

5分足

寄付後に大きく売られ、株価が低下する

この時間帯がスキャルピングの狙い目（ロング）

日中は保ち合いになった後、大引けに向けて上昇する

前場　　　　　後場

パターン79 寄付で大きく買われたときの買いポイント

【良品計画（7453）】

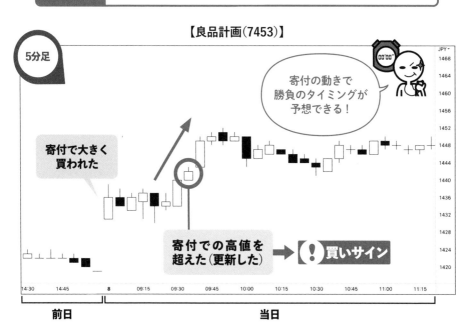

5分足

寄付の動きで勝負のタイミングが予想できる！

寄付で大きく買われた

寄付での高値を超えた（更新した） → ⚠買いサイン

前日　　　　　当日

205

ロング　　　　順張り

市場参加者が意識する ブレイクアウト

相場に勢いが出るタイミングをシンプルに見極めるためには、「ブレイクアウト」に注目するとわかりやすいです。

ラインを超えたときが勝負時

　ブレイクアウトは、前回の高値や安値、抵抗線やトレンドライン（214ページ参照）、場合によっては、移動平均線など市場参加者に意識されているテクニカル指標を、株価が突破（ブレイクアウト）することです。

　基本的には、**ブレイクアウトが発生したタイミングで、ブレイクした方向にエントリーを行います。**

市場参加者の心理を利用した戦略

　例えば、三角保ち合い（102ページ参照）も、市場参加者に三角形の上辺や下辺が意識されることで、これらのラインが抵抗線や支持線として機能し、上辺や下辺付近でいったん売られる（買われる）ため、保ち合いが発生するわけです。

　逆にいえば、この抵抗線や支持線を株価がブレイクすれば、それまで保っていた均衡が壊れたと判断する市場参加者も多いということ。三角保ち合いの上辺をブレイクすれば、上方向にトレンドができやすくなるのもこのためです。この市場参加者の心理を利用するのがブレイクアウトを狙った戦略で、**ラインをブレイクした方向に対してエントリーします。**

　右図のように、前回高値（あるいは前回安値）はよく意識されやすいポイントです。前回高値を更新すれば買いが増しやすくなります。

プラスα　　ダマシを避けるには、ラインをブレイクしたローソク足ではなく、次のローソク足での買われ具合を確認してからエントリーするとよい。

パターン80　前回高値のブレイクアウト

【キャンバス(4575)】

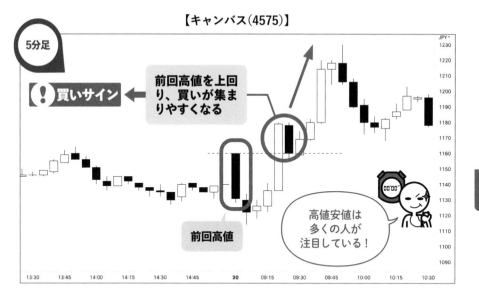

5分足

買いサイン

前回高値を上回り、買いが集まりやすくなる

前回高値

高値安値は多くの人が注目している!

パターン81　前回安値のブレイクアウト

【日本航空(9201)】

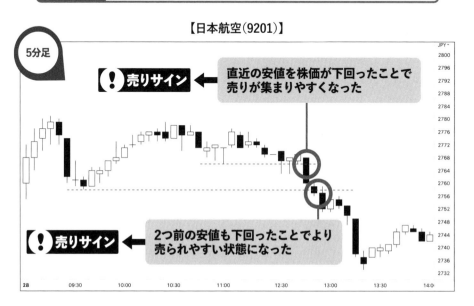

5分足

売りサイン

直近の安値を株価が下回ったことで売りが集まりやすくなった

売りサイン

2つ前の安値も下回ったことでより売られやすい状態になった

市場参加者の心理が
出やすい大台乗せ

株式トレードにおいて売買戦略を問わず意識したいのが、「心理的節目」と呼ばれる、市場参加者に注目されやすい価格帯です。

キリのいい株価は意識されやすい

　年初来高値や上場来高値などの価格は、市場参加者から意識されやすい「心理的節目」として機能します。なかでも意識されやすいのが「1万円」「5000円」といったキリのいい株価です。**上昇局面でキリのいい価格に到達することを「大台乗せ」と呼び、前後の値動きに影響を与えます。**

大台到達前まではトレンドが継続しやすい

　大台乗せで注目しておきたいのが、節目を達成する前と後の株価の傾向です。例えば、株価1万円が目前にある状態で上昇トレンドが発生していたときの市場参加者の心理を考えてみましょう。安値で買って含み益のある投資家であれば「1万円に到達したら、いったん利確売りが出そうだ」と考え、1万円に到達するまではホールドします。逆張りした人も、大台到達までトレンドが継続すると考えて静観します。つまり、**大台到達までは比較的スムーズにトレンド方向に伸びる傾向があるといえます。**

　一方、大台到達後は「次の節目までさらに上昇するのか？」「1万円でいったん上昇トレンドは終わりでは？」など、市場参加者の思惑が錯綜しやすく、値動きも揉み合いになりがちです。

　当然、相場や個別の銘柄状況によっても動きは異なりますが、一般論として大台乗せにはこうした傾向があると覚えておくとよいでしょう。

実践！　大台到達まで上昇トレンドが継続しやすいということは、大台で売りたいと考える人が多く、約定しづらいという点も覚えておきたい。

【ソフトバンクグループ（9984）】

【！】売りサイン ← 株価が大台に到達した後は、市場は「いったん売りたい」「まだまだ買いたい」で二分しやすい

4時間足

1万円の節目

1万円になったら利益を確定させたい

1万円まで伸びそうだから買っておこう

大台前はトレンドが続きやすい → **【！】買いサイン**

プロのアドバイス

大台以外にも年初来高値などの象徴的な価格が心理的節目として意識されやすいです

株価が下落しやすい
大台割れ（底割れ）

大台乗せと反対に、大台割れは節目となる価格を株価が下回ることです。大台
割れは売りサインになりやすいです。

キリのよい価格が抵抗線になるケース

前ページで解説した大台乗せは、現在価格より上にある心理的な節目に
到達した際の動向でしたが、反対に**現在価格よりも下にあるキリのいい価
格を突き抜けることを「大台割れ（あるいは底割れ）」と呼びます。**

大台割れも、大台乗せと同様に「1000円」「5000円」など、その銘柄に
とって印象的な価格帯を割る前後の値動きに注目します。

右上図のチャートは大台割れの典型的なパターンです。この銘柄では、
2000円の価格帯が特に意識されています。

日足チャートで過去の推移を見ると、前半部分で一度2000円を上抜け
た後、数回下抜けを試しつつも跳ね返されているため、2000円のライン
が抵抗線として機能していることがわかります。

大台割れをきっかけに下降トレンドが本格化

しかし、新規の空売りや、2000円付近での反発を期待して買った人に
よる損切りが発生し、大台割れが発生。**これをきっかけに、下降トレンド
が本格化しました。**

スキャルピングにおいても、銘柄の大台となる価格帯や過去に意識され
た価格などは長めの時間軸で確認しておくとよいでしょう。

プラスα　　**大台乗せ直後に起きる大台割れは、市場参加者の迷いによって一時的に
下落しているだけの可能性が高く、すぐ下落が加速するとは限らない。**

パターン83 株価が下がりやすい大台割れ

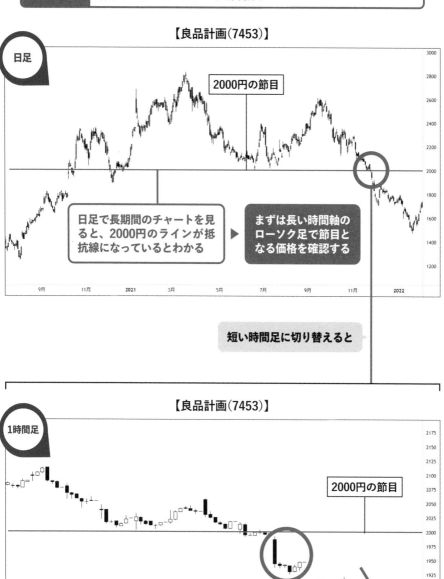

【良品計画(7453)】

日足

2000円の節目

日足で長期間のチャートを見ると、2000円のラインが抵抗線になっているとわかる ▶ まずは長い時間軸のローソク足で節目となる価格を確認する

短い時間足に切り替えると

【良品計画(7453)】

1時間足

2000円の節目

! 売りサイン ◀ 2000円の節目を割り（大台割れ）、株価の下落が加速

第5章 スキャルピングで勝てるチャートパターン

211

トレンドを把握して売買する

いま狙っている銘柄がどのトレンドを形成しているかの把握は、後述するトレンドラインともつながる重要なポイントです。

スキャルピングでもトレンドを意識する

　短い時間軸で売買を繰り返すスキャルピングでは、中長期の値動きを左右するトレンドの有無よりも、相場の短期的な勢いを見極めることが重要です。とはいえ、完全にトレンドを無視してよいわけではなく、現在の株価動向にトレンドが発生しているかどうか、そしてトレンドが発生している場合にどの方向に向かっているのかを把握しておくと、**買いと売りどちらでもエントリーするスキャルピングで役に立ちます。**

相場は3種類の値動きからできている

　そもそも、相場の状況は「上昇トレンド」「下降トレンド」「レンジ」、この3つの状態で説明できます。上昇トレンドは、名前の通り上方向に株価が動いている状態のことで、その銘柄を「買いたい」と思う投資家が多い状態を指します。下降トレンドはその反対で、下方向に株価が動き、その銘柄を「売りたい」と考える投資家が多い状態を指します。

　また、レンジは上と下のどちらにもトレンドが発生していない状態のことで、市場参加者の買いと売りが錯綜している状態です。ざっくりいうと、**すべての値動きはこの3つの状態のいずれかに該当し、**レンジ→上昇トレンド→レンジ→下降トレンドといった形で、状態の変化を繰り返していると捉えられます。

身につける！　上昇トレンドでは買いから入るトレード、下降トレンドでは空売りから入るトレードを行いやすくなる。

トレンドを意識する

【凸版印刷（7911）】

買いから入って株価が上がれば
利確する、を繰り返す

株価が継続的に上昇している
（上昇トレンド）

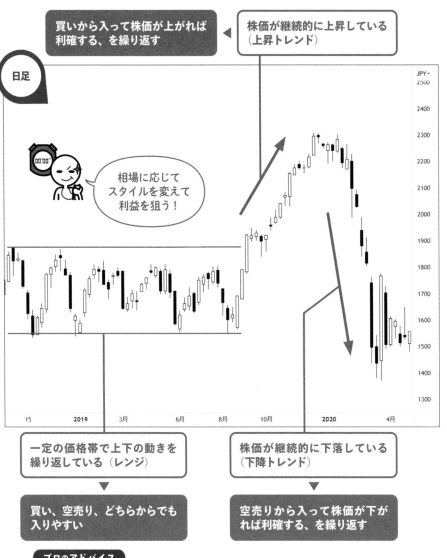

日足

相場に応じて
スタイルを変えて
利益を狙う！

一定の価格帯で上下の動きを
繰り返している（レンジ）

株価が継続的に下落している
（下降トレンド）

買い、空売り、どちらからでも
入りやすい

空売りから入って株価が下が
れば利確する、を繰り返す

プロのアドバイス

相場は、上昇トレンド、下降トレンド、レンジの変化を繰
り返していると考えましょう

213

トレンドラインを意識して売買する

トレンドラインは、高値や安値を結んだ線のことで、トレンドの形成や終了を視覚的に判断できる考え方です。

ラインを引くことでトレンドの形成を判断する

上昇トレンド・下降トレンド・レンジを判断する方法はさまざまですが、ここでは「トレンドライン」を使った方法を紹介します。

90ページで解説した通り、「上昇（下降）トレンドが発生している状態」の定義は決まっています。上昇トレンドの場合は「安値が切り上がっている（安値が上がり続けている）か」、下降トレンドの場合は「高値が切り下がっている（高値が下がり続けている）か」で判断されます。

つまり、上昇トレンドが継続した場合、安値の切り上げが連続して発生するため、**この切り上げたポイントに線を引くことで上昇トレンドを可視化する**（下降トレンドの場合は高値を切り下げたポイントに線を引く）というのが、トレンドラインの基本な考え方です。そして、安値の切り上げや、高値の切り下げに沿って引けない状態はレンジと捉えます。

トレンドの終了するタイミングがわかる

トレンドラインが優れているのは、**それぞれのトレンドが崩れるタイミングが視覚的にわかりやすい点です。**

切り上げた安値に引いたラインを上昇トレンドライン、切り下げた高値に引いたラインを下降トレンドラインとし、それぞれを反対方向にブレイクするとトレンドが崩れたと判断します。

身につける！ ローソク足が上昇トレンドラインを下抜けたら売りサイン、下降トレンドラインを上抜けたら買いサインとなる。

パターン84 上昇トレンドの形成と終わりがわかるトレンドライン

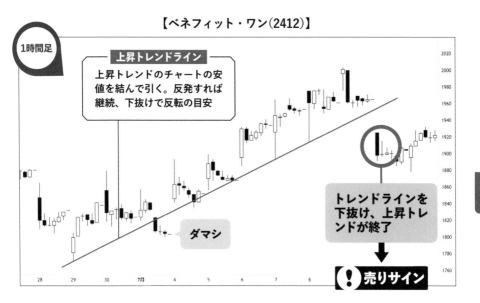

【ベネフィット・ワン（2412）】

1時間足

┌── **上昇トレンドライン** ──┐
上昇トレンドのチャートの安
値を結んで引く。反発すれば
継続、下抜けで反転の目安

ダマシ

トレンドラインを
下抜け、上昇トレ
ンドが終了
↓
！ 売りサイン

パターン85 下降トレンドの形成と終わりがわかるトレンドライン

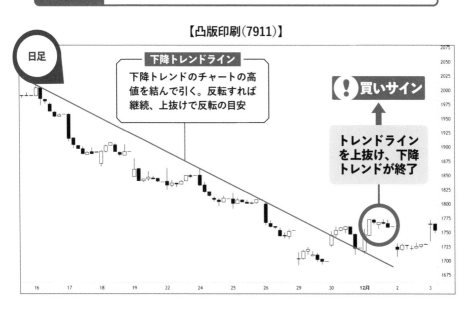

【凸版印刷（7911）】

日足

┌── **下降トレンドライン** ──┐
下降トレンドのチャートの高
値を結んで引く。反転すれば
継続、上抜けで反転の目安

！ 買いサイン
↑
トレンドライン
を上抜け、下降
トレンドが終了

第5章 スキャルピングで勝てるチャートパターン

215

チャネルラインを意識して売買する

チャネルラインとは、上昇トレンドであれば高値、下降トレンドであれば安値を結んだラインのこと。トレンドの傾きや上下幅の確認に役立ちます。

トレンドラインとセットで使えると効果的

　トレンドラインの応用編として、「チャネルライン」を解説します。トレンドラインと平行なラインを引き、2つのラインを用いて分析を行うのがチャネルラインです。

　安値の切り上げに引くライン（上昇トレンドライン）の場合、チャネルラインは高値に合わせて引きます。反対に、高値の切り下げ（下降トレンドライン）に引く場合は、安値に合わせてラインを引きます。

　トレンドラインは「上昇」「下降」「レンジ」、相場の3つの状態を判別するために引きますが、チャネルラインはこれに加え、**「トレンドの上値と下値の幅」**を視覚化させるのに役立ちます。

意識されやすいポイントを確認できる

　例えば、右図のように、安値を切り上げた2点にトレンドラインを引き、高値に合わせたチャネルラインを引いたとします。仮に、チャネルラインに沿って株価が動いた場合、**将来的に反転（チャネル内に折り返す）するポイントがある程度想定できます。**

　当然、必ずしもこのライン通りに株価が動くわけではないですが、将来的に市場参加者に意識されそうなポイントがあらかじめ把握できるという点がチャネルラインを引くメリットのひとつです。

プラスα　ローソク足がチャネルラインをブレイクしてもトレンドが転換するわけではないが、トレンドの傾きの強さを測る指標として使える。

【東京エレクトロン（8035）】

安値を結んだチャネル
ラインで株価が反落 ➡ 【!】買いサイン

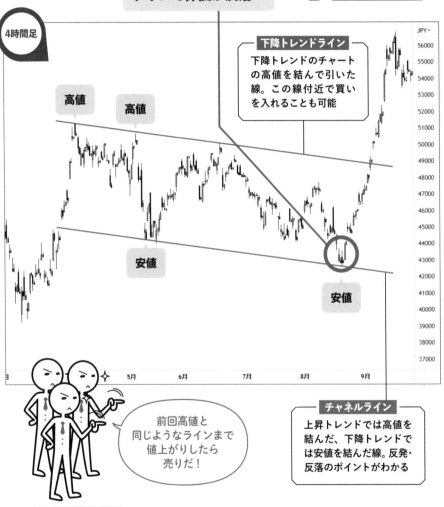

下降トレンドライン

下降トレンドのチャート
の高値を結んで引いた
線。この線付近で買い
を入れることも可能

4時間足

高値　高値

安値

安値

5月　6月　7月　8月　9月

JPY～
56000
55000
54000
53000
52000
51000
50000
49000
48000
47000
46000
45000
44000
43000
42000
41000
40000
39000
38000
37000

第5章
スキャルピングで勝てるチャートパターン

前回高値と
同じようなラインまで
値上がりしたら
売りだ！

チャネルライン

上昇トレンドでは高値を
結んだ、下降トレンドで
は安値を結んだ線。反発・
反落のポイントがわかる

プロのアドバイス

**チャネルラインは意識されやすいため、チャートに引いて
おくと反発・反落しやすい価格をあらかじめ把握できます**

約定価格の平均を表した
VWAP

VWAP（Volume-Weighted Average Price）は、日本語で売買高加重平均価格と呼ばれる指標で、スキャルピングやデイトレードでよく使用されます。

株価が約定価格より高ければ強気のマーケット

VWAPとは、一定期間内に取引された量を考慮した平均取引価格、言い換えればその日の約定価格の平均値をグラフ化したテクニカル指標です。特に取引量の多い機関投資家などの大口投資家によって活用されるケースが多いです。

実際にテクニカル指標として扱う場合は、「市場の強弱」を見極める際に役立ちます。前述したように、VWAPは当日の約定価格の平均を示すため、仮に**株価がVWAPよりも上にあれば短期的にはマーケットは強気、反対に株価がVWAPよりも下であれば弱気を示します。**

大口投資家が抵抗線・支持線として活用しやすい

VWAPを軸に相場の強気・弱気が意識されることを前提に置くと、VWAPが抵抗線や支持線として機能するとも考えられます。移動平均線や高値・安値は抵抗線や支持線として機能する代表的な指標ですが、**VWAPも意識されやすい点を覚えておくと相場に対しての解像度が高まります。**

特に大口投資家は買いの基準としてVWAPを活用することが多いので、右図のようにいったん株価が上昇してからVWAPに近づいたタイミングで反発しそうなら、押し目買いのチャンスともいえます。

プラスα　VWAPはほかの指標に比べて滑らかに動き、動きが少ないため、指標の変動に振り回されることなく落ち着いて取引を行いやすい。

【ソフトバンクグループ（9984）】

ローソク足がVWAP
の上にある ▶ 相場は強気の
傾向にある

5分足

株価がVWAPを
上抜けそう！
チャンスだ！

ローソク足がVWAP
の下にある
▼
相場は弱気の傾向に
ある

一度ローソク足がVWAPに
近づいた直後、ローソク足が
VWAPを上抜けした
↓
（！）買いサイン

第**5**章 スキャルピングで勝てるチャートパターン

219

短期売買であっても長期トレンドを確認する

株価は、大きなトレンドのなかで日々変動しています。200日SMAを中心に、MACDなどのテクニカル指標でトレンドを把握しましょう。

トレンドを捉えやすいのは移動平均線

これまでに解説してきた通り、スキャルピングのような短期売買であってもトレンドは把握しておいたほうが、どちらの方向へ売買するかの判断をより効率的にできるようになります。その際、特に日足や週足などの長期のトレンドを確認しておくことが重要ですので、改めて長期トレンド分析に適した方法を紹介します。

まず、トレンド分析といえばやはり移動平均線です。移動平均線は、線の種類やパラメーター（54ページ参照）によって細かな違いがありますが、特に**日足の200日SMA※の動向は必ず押さえておくべきです。**このパラメーターは、移動平均線の開発者であるグランビルも採用していた数値であり、特に長期の動向を分析する際には多くの投資家が使っているため、市場で意識されやすいポイントを探す際に有用です。

MACDとボリンジャーバンドで精度を上げる

トレンドの初動を分析する場合はMACD（86ページ参照）のMACD線とシグナル線のクロスを見るのもよいですし、トレンドの強さや安定性を見る場合はボリンジャーバンドを使ってみましょう。これらのテクニカル指標に、前述したトレンドライン（214ページ参照）やダウ理論（90ページ参照）を加えると、より長期トレンド分析の確度を高められます。

用語解説

※200日SMA（移動平均線） パラメーターを200日に設定した移動平均線。土日祝日などを除いたおおよそ1年間の値動きの平均がわかり、中長期投資家によく用いられる。

【りそなHD（8308）】

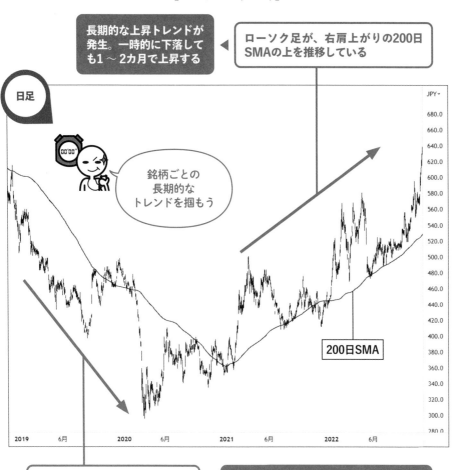

長期的な上昇トレンドが発生。一時的に下落しても1〜2カ月で上昇する

ローソク足が、右肩上がりの200日SMAの上を推移している

日足

銘柄ごとの長期的なトレンドを掴もう

200日SMA

2019　6月　2020　6月　2021　6月　2022　6月

ローソク足が、右肩下がりの200日SMAの下を推移している

長期的な下降トレンドが発生。一時的に上昇しても1〜2カ月で下落する

第**5**章　スキャルピングで勝てるチャートパターン

プロのアドバイス

いつまでトレンドが続き、どのくらい株価が上下するかの目安を知るには、大きな視点でチャートを見ましょう

練習

問題❶──窓開けのポイント

窓開けと窓埋めが発生したポイントはどこ？

【KDDI（9433）】

窓が開いたらどこかで埋まるんだっけ……？

開いた窓がいつ埋まったかを把握する

ここでは窓開け（202ページ参照）後に発生しやすいといわれる窓埋めについて、セットでおさらいしておきましょう。

チャートはKDDI（9433）の日足チャートで、窓開けと窓埋めのセットが合計2つ存在します。窓が開くと将来的に窓埋めが発生する確率が高いことを頭に入れておけば、スキャルピングにおいても株価の動向を見極める際のヒントになります。

それぞれ対になる窓開けと窓埋めを探してみましょう。

問題❷——抱き線・はらみ線のポイント

Q 上昇トレンドが転換した ポイントはどこ？

【良品計画（7453）】

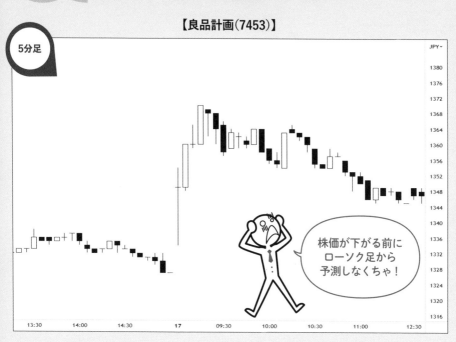

5分足

株価が下がる前に
ローソク足から
予測しなくちゃ！

はらみ線によるトレンドの転換

　次は2本のローソク足の組み合わせに関しての問題です。

　上図は良品計画（7453）の5分足で、チャート前半で続いていた下降
トレンドが中盤以降は上昇に転換。急騰以降は勢いを失ってズルズルと下
げた形です。

　この一連の値動きのなかで、相場の天井を示す「はらみ線（198ページ
参照）」が出現しています。その出現ポイントを探してみましょう。

解答❶——窓開けのポイント

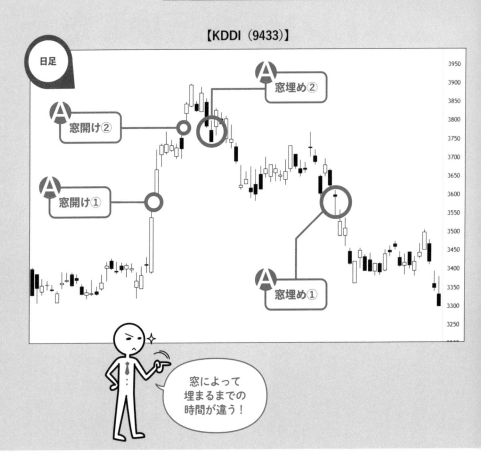

【KDDI（9433）】

窓によって
埋まるまでの
時間が違う！

2カ月後に窓が埋まることもある

　窓開け・窓埋め①はチャート前半の急騰で開いた窓が、約2カ月かけて埋まったパターンです。急騰や急落時には窓を開けることが多く、その後反転した際に窓を開けた価格帯の前後が抵抗線になるケースがあります。

　窓開け・窓埋め②は、急騰後の天井圏で開いた窓が、すぐに埋まっている状態です。

　このように、窓によって埋まるタイミングは違いますが、いつかは窓埋めが起こることを意識しながらトレードしましょう。

練習

解答❷——抱き線・はらみ線のポイント

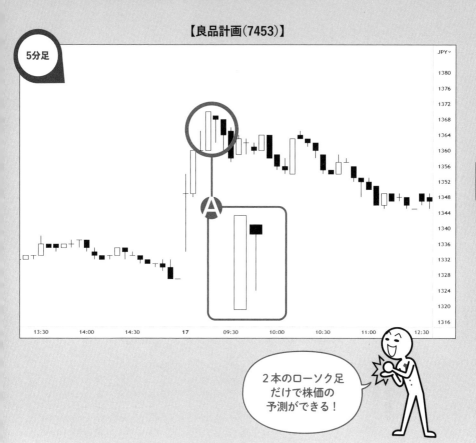

【良品計画(7453)】

5分足

2本のローソク足
だけで株価の
予測ができる！

1本目が大陽線のはらみ線は天井を示す

　はらみ線は、1本目のローソク足が2本目の実体を覆うという組み合わせです。このチャートにおいては、大陽線の実体に隠れる形で下ヒゲの付いた陰線が出現しました。

　1本目が陽線、2本目が陰線で形成されるはらみ線は高値圏で出現すると天井のサインといわれており、このチャート上でもはらみ線の出現後、下降トレンドに転換しました。1本目が大陰線となるはらみ線は、相場の底のサインとなります。詳細は198ページでおさらいしましょう。

「理想形」通りではない値動きを考える

　本書も含め、チャートの分析方法を解説しているコンテンツにおいて、共通して注意しておかなければならないのが、解説図や例として掲載されている図版はあくまで「理想形」であるという点です。

　例えば、102ページで解説した三角保ち合いでは「上辺や下辺を抜けたらエントリー」が基本形ですが、実際の値動きでは、一度抜けた値動きがダマシとなり、反対方向へ急激に動くといった展開もよくあります。

【レーザーテック（6920）】

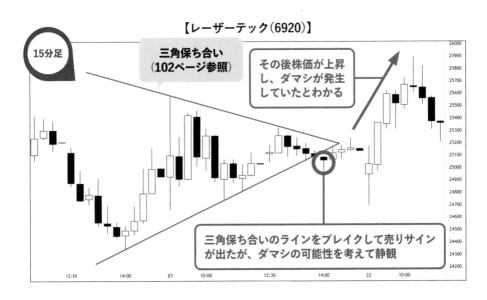

15分足

三角保ち合い
（102ページ参照）

その後株価が上昇
し、ダマシが発生
していたとわかる

三角保ち合いのラインをブレイクして売りサイン
が出たが、ダマシの可能性を考えて静観

　ここで伝えたいのは、実践では「どんな手法であっても基本的には教科書通りに動かないこと」を想定する必要があるという点です。三角保ち合いのブレイクを狙うのであれば、ブレイク直後は静観し、プルバック（ブレイク後の一時的な戻し）を待ってエントリーすることでダマシを回避できる可能性が上がります。

　ダマシが発生することを前提としてエントリー基準をより厳選したり、基準となる分析方法に別の視点を加えるなどすれば、対策できるのです。

株価指数と銘柄選定

デイトレードで
注目するべき株価指数と
銘柄の探し方

デイトレードでは、どの銘柄で売買するかも重要です。トレードに適した銘柄の探し方を解説します。また、市場全体の方向性を理解するために必要な株価指数の読み方も解説します。

Keywords

●**株価指数**

●**過去データ**

●**新規上場・市場変更**

●**上場廃止**

●**決算**

●**注文板**

●**人気銘柄**

前日の日経平均の推移から値動きの方向性を検討する

日経平均とは、東京証券取引所プライムに上場する225銘柄の株価から算出された、日本を代表する株価指数です。相場全体の傾向がわかります。

代表的な銘柄の値動きがわかる

相場全体（あるいは銘柄ごと）の相場を、投資の世界では「地合い（じあい）」と呼び、株価が上昇傾向にあることを「地合いがよい」、下落傾向にあることを「地合いが悪い」と表現します。

日経平均は、日本の代表的な銘柄の推移を表した指標であり、これに注目することで株式市場全体の地合いを確認できます。

日経平均がプラス、つまり上昇して推移する場合は、**株価が上昇している銘柄が相場のなかで多いことを示します**。反対に、日経平均が下落して推移する場合は、株価が下落している銘柄が多いことになります。

トレード前には地合いの確認が必要

前日の日経平均がプラスで推移している場合、多くの市場参加者が、安心感から買いを入れやすくなり、次の日の日経平均も上昇しやすい傾向にあります。このとき、相場では株価が上がっている銘柄が多い状態であり、トレードのチャンスとなります。

反対に、前日の日経平均が下落して推移していた場合、警戒感が高まり、翌日もマイナスになりやすくなります。また、**地合いが悪いときは、よい材料が出たとしても株価が伸びづらくなります**。トレードの前は、銘柄ごとの地合いはもちろん、相場全体の地合いの確認が必要です。

プラスα｜日経平均のほかに、東京証券取引所に上場するすべての銘柄を対象とした「TOPIX（東証株価指数）」もあり、こちらも確認できるとよい。

パターン**89** 日経平均の推移から株価の変動を予測する

【日経平均】

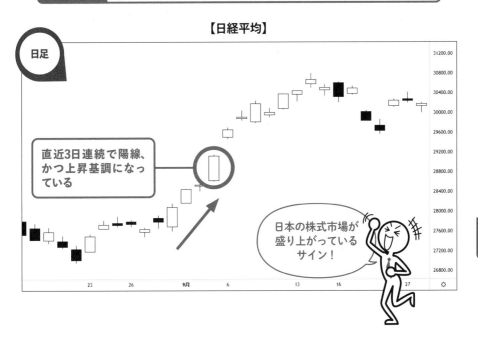

日足

直近3日連続で陽線、かつ上昇基調になっている

日本の株式市場が盛り上がっているサイン！

【良品計画（7453）】

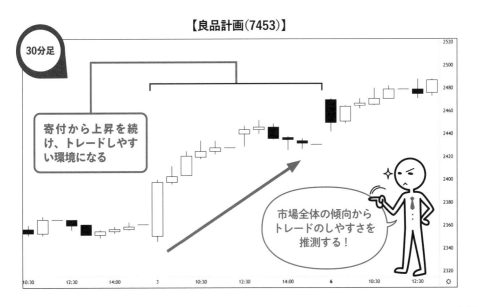

30分足

寄付から上昇を続け、トレードしやすい環境になる

市場全体の傾向からトレードのしやすさを推測する！

前場はニューヨーク市場からの影響が強い

アメリカの株価市場は、影響力が強いことで知られています。日本の株式市場も影響を受けているため、株式相場の予測の参考になります。

外国の投資家も日本株を売買している

日本の株式を売買し、相場に影響を与えているのは日本人だけではありません。**日本の市場でも6〜7割は外国人投資家が投資を行っているといわれ、そのためか日本と海外の株式相場が連動する場合があります。**

なかでも、アメリカの市場は規模が大きく、世界各国への影響力も強いことで有名です。

ニューヨークの市場の影響を受けやすい

ここでは、アメリカの株価指数であるダウ平均を例に考えてみましょう。ダウ平均とは、ニューヨーク証券取引所に上場している銘柄のうち、成長が続いている優良な30銘柄によって構成された株価指数です。

ニューヨーク証券取引所の立会時間は、日本時間の23時30分に開始、翌6時に終了します(夏時間※の場合、22時30分開始、翌5時終了)。

その3時間後には日本の株式市場が開くため、特に前場では影響を受けやすいといえます。例えば、ダウ平均が下落基調のまま午前6時を迎えると、多くのトレーダーはダウ平均の動きを意識して、売りを行いやすくなるのです。

地合いを確認する際は、日本だけでなくアメリカの株価指数にも注目すると、一歩先の予測を立てられます。

用語解説

※**夏時間** 　日の出が早まる3〜11月に、時計の針を1時間早く進める制度。欧米を中心に導入されている。サマータイムとも呼ばれる。

【ダウ平均】

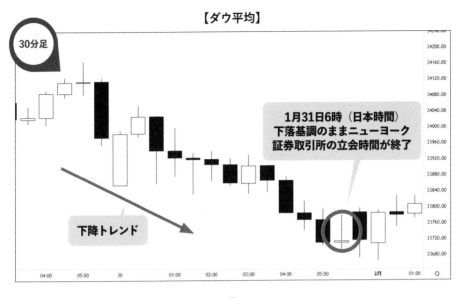

30分足

**1月31日6時（日本時間）
下落基調のままニューヨーク
証券取引所の立会時間が終了**

下降トレンド

3時間後

【良品計画（7453）】

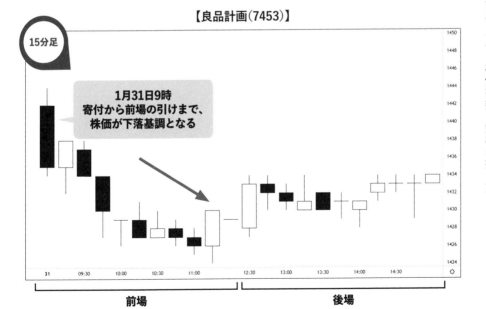

15分足

**1月31日9時
寄付から前場の引けまで、
株価が下落基調となる**

前場　　　　　　　　　　　　　後場

第**6**章

デイトレードで注目するべき株価指数と銘柄の探し方

直近2週間の値動きを見て値動きのクセを掴む

銘柄は、どれも同じ値動きをするわけではありません。トレードの前に、銘柄ごとの値動きを観察することで売買のヒントを得られます。

やみくもなトレードはNG

トレードで上達するためには、売買を繰り返して経験を積むことが欠かせません。しかし、価格帯やボラティリティといった情報を把握しないまま、やみくもにトレードを行っても思うようにトレードできません。

それぞれの銘柄には、株価が動きやすいタイミングや値動きの特徴などがあります。そのため、トレードをする前に、まずは直近2週間のチャートを読み、分析をする時間を設けるとよいでしょう。

チャートやニュースからトレードのヒントを探す

直近2週間分のチャートでわかるのは、「その銘柄のボラティリティ」「現在値の価格感（割安か、割高か）」「どんなトレンドを形成しているか」といった情報です。どれだけの値幅を取れるか、割安な価格帯はどこにあるのか、どんなチャートパターンをつくるのか、などはトレードを行ううえで欠かせない情報です。

その際、**その銘柄にまつわるニュースも併せて読むとよいでしょう。**例えば、連続で増益を発表している銘柄であれば決算発表前は期待感が高まって株価が上がりやすい、海外に輸出をしている企業であれば円安のニュースが好材料になって株価が上がりやすいなど、何かしらのニュースと値動きがリンクしている可能性があります。

プラスα　値動きは銘柄の規模によっても変化する。例えば、大型株は大きな材料が発表されたとき以外は株価の変動率が小さいという特徴がある。

パターン**91** 銘柄ごとの値動きの特徴を探る

【良品計画（7453）】

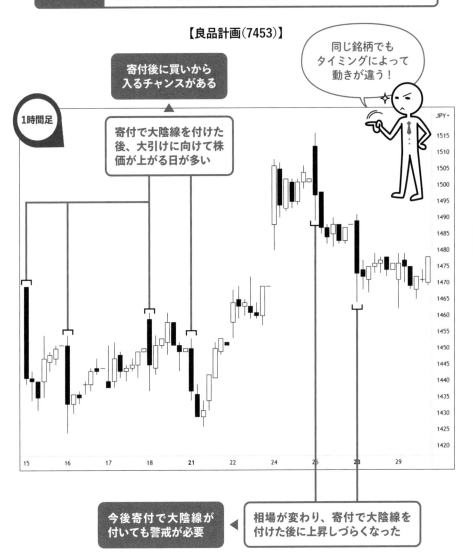

寄付後に買いから
入るチャンスがある

同じ銘柄でも
タイミングによって
動きが違う！

1時間足

寄付で大陰線を付けた
後、大引けに向けて株
価が上がる日が多い

今後寄付で大陰線が
付いても警戒が必要

相場が変わり、寄付で大陰線を
付けた後に上昇しづらくなった

プロのアドバイス

**小さな時間軸でチャートを見ることで、寄付や大引けでの
傾向がわかりやすくなります**

新規上場・市場変更による
チャートの変動

新規上場した銘柄や市場変更した銘柄は注目されやすく、株価が一時的に変動
します。ただし、新規上場後は値動きの予測が難しい点に注意が必要です。

上場前の買い付け、上場後の値上がりどちらも狙える

株式未公開の会社が証券取引所に上場し、自由に株式を売買できるよう
にすることをIPO（Initial Public Offering）といいます。

IPO銘柄を上場前に買い付ける「IPO投資」や、上場直後の上昇を狙う「セ
カンダリー投資」は人気であり、**値動きが激しくなる傾向があります**。た
だし、上場後しばらくすると、本来の企業価値をもとに株価が判断される
ようになるため、直後の高値から大きく下げることもよくあります。

右上図は、2021年4月15日に上場したサイバートラスト（4498）の
チャートです。公募価格から初値が300％以上高く付いたにもかかわらず、
セカンダリー（上場後に株の売買をすること）でも上昇し、その後下降し
ました。

厳しい基準にクリアした銘柄に注目

日本の証券取引所は、東京だけでなく、名古屋・札幌・福岡にもあります。
さらに、東証のなかにもプライム※、スタンダード、グロースという3つ
の市場に分かれます。**各市場が定める一定基準を満たすことで、市場を変
更することができます**。審査基準の厳しさは、プライム＞スタンダード＞
グロースの順であり、下位から上位へ市場変更できるということは、厳し
い審査基準をクリアしたと考えられ、一般的に上昇要因となります。

用語解説

※プライム　　　　プライムへ新規上場した銘柄は上場日の翌月最終営業日にTOPIXに組み入れら
れ、TOPIXをベンチマークとするファンドに組み入れられる可能性がある。

【サイバートラスト(4498)】

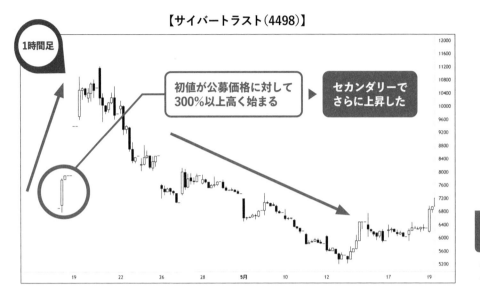

1時間足

初値が公募価格に対して
300%以上高く始まる

セカンダリーで
さらに上昇した

【メドレー (4480)】

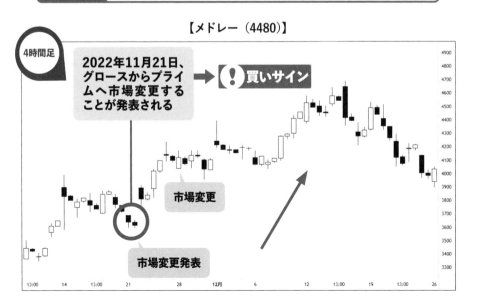

4時間足

2022年11月21日、
グロースからプライ
ムへ市場変更する
ことが発表される

⚠ 買いサイン

市場変更

市場変更発表

上場廃止による
チャートの変化

上場廃止が発表されると、株価が大きく下落することもある一方、上昇するケースもあります。上場廃止の理由に注目し、動向を追いましょう。

経営悪化による上場廃止発表は下がり続けることが多い

上場廃止が発表された後は「監理銘柄」や「整理銘柄」に区分され、そこから基準を満たした場合に、期日が設定されて上場廃止となります。いずれにしても**上場廃止発表前後は株価が変動することが多いです。**

例えば、オンキヨーホームエンターテイメント（6628）は、2021年3月31日の3月期まで2期連続で債務超過となり、上場廃止基準に抵触したことを発表。8月1日付で上場廃止となりました。

それ以前から株価の低迷が続いていましたが、上場廃止発表後も株価は下がり続け、最終日は1円で取引を終えました。

MBO・TOBなどによる上場廃止は上昇することもある

株式会社が上場廃止となる理由は、債務超過や業績悪化だけではなく、MBOやTOB※による買収などもあります。これらのケースでは、買収する側が市場で付いた価格よりも高い値段で買い取ることが多く、この買い付け価格が反映されるため、**上場廃止が発表されても株価が上昇する場合があります。**

右下図の住友精密工業（6355）は住友商事（8053）によるTOBが決定し、買い付け価格である3650円付近まで株価が上昇しました。

用語解説

※MBO・TOB … MBOは「Management Buyout」の略で、企業が自社の株式を取得し、オーナー・経営者となること。TOBは「Take-Over Bid」の略で、株の公開買付のこと。

パターン94 債務超過による上場廃止で株価が下落

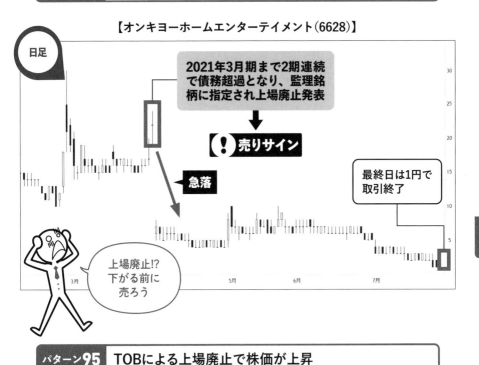

【オンキヨーホームエンターテイメント（6628）】

日足

2021年3月期まで2期連続で債務超過となり、監理銘柄に指定され上場廃止発表

！売りサイン

急落

最終日は1円で取引終了

上場廃止!?
下がる前に
売ろう

パターン95 TOBによる上場廃止で株価が上昇

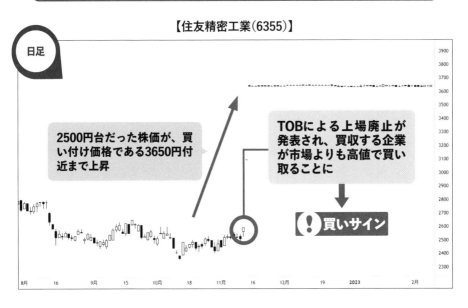

【住友精密工業（6355）】

日足

2500円台だった株価が、買い付け価格である3650円付近まで上昇

TOBによる上場廃止が発表され、買収する企業が市場よりも高値で買い取ることに

！買いサイン

第6章 デイトレードで注目するべき株価指数と銘柄の探し方

決算発表による
チャートの変化

決算内容は、ときに株価を大きく左右する重要な材料です。ただし、決算内容がよくても、市場予想を下回れば株価が下落することもあります。

決算内容がよくても株価が下落するケースがある

タイミングは会社によって異なりますが、上場企業は、年に4回、決算発表を行います。株価へ影響を与えることが多いため、銘柄ごとに決算のスケジュールを確認して動向を把握するとよいでしょう。

一般的には「よい決算であれば株価上昇」「悪い決算であれば株価下落」と考えられがちですが、決算内容がよくても株価が下落するケースがあります。右上図は、2021年8月12日に2022年度3月期第1四半期（4〜6月）の決算を発表した東芝（6502）です。前年同期が113億円の赤字だったのに対し、このときの決算では180億円の黒字となりましたが、実際には一時的に大きく下落しました。

その理由は、**事前の市場予想において純利益が450億円程度の黒字であった一方、実際の決算ではその半分に満たなかったためです。** しかし、決算発表の2日後からは決算内容が見直され、買いが入りました。

悪い材料が出尽くしたときに株価が上がる「あく抜け」

悪い決算内容であっても、発表前に悪材料が出切っていれば、**市場参加者が「これ以上下がることはないだろう」と考え、買われることもあり、** この現象を「あく抜け」「材料出尽くし」と呼びます。右下図は、営業利益が大幅に減少したものの、あく抜けによって株価が上昇した例です。

プラスα　決算発表後は予想外の値動きになることが多いため、決算発表前に手仕舞いをしておくのもひとつの有効な方法。

パターン96 決算内容がよくても株価が落ちるケース

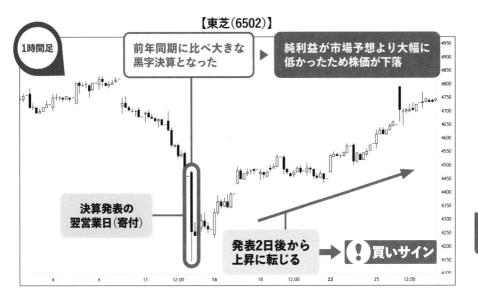

【東芝（6502）】

1時間足

前年同期に比べ大きな黒字決算となった ▶ 純利益が市場予想より大幅に低かったため株価が下落

決算発表の翌営業日（寄付）

発表2日後から上昇に転じる ➡ **(!) 買いサイン**

パターン97 決算内容が悪くても株価が上がるケース

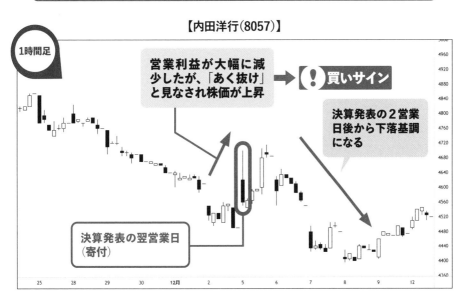

【内田洋行（8057）】

1時間足

営業利益が大幅に減少したが、「あく抜け」と見なされ株価が上昇 ➡ **(!) 買いサイン**

決算発表の2営業日後から下落基調になる

決算発表の翌営業日（寄付）

第6章 デイトレードで注目するべき株価指数と銘柄の探し方

注文板が厚いほうに株価が動きやすい

買い板が厚いときに株価が下がる、または売り板が厚いときに株価が上がることを「板が厚い方向に動く」と呼びます。この特性をうまく利用しましょう。

買い板が厚ければ株価は下がりやすい

　注文板の厚さ（26ページ参照）からトレードのヒントを得られることがあります。例えば、右図のように買い板が厚く、売り板が薄い銘柄があったとします。このとき、単純に「買い注文が大量に入っているから、多少売りをぶつけられても買い注文は減らない。株価は下がらない」「むしろ、買いたい人が多いのだから株価は上がっていくはず」と考えたくなりますが、実際にはこうした状況で株価が下がるケースがよくあります。

　この現象が起きる理由は2つ考えられます。ひとつ目の理由は、**大口投資家による「見せ板※」です。**仮に、空売りを行いたい大口投資家が5305円で3万1400株分の買い注文を出したとします。この買い注文が、約定する気のない「見せ板」であっても、これを見た個人トレーダーは前述のように「買い注文が多いから株価が上がるはずだ」と考え、5315円、5316円……5319円と株を買っていきます。こうして株価が上がると、見せ板を仕掛けた人は空売りを行い、同時に5305円の大口注文を取り消します。突然買い板が薄くなったことに驚いた個人トレーダーは、株価の下落を恐れて株を次々手放し、結果、株価が下落していくのです。

　もうひとつの理由は、**単純に、大口投資家が利益確定のために大口注文を出した場合です。**大口の買い注文がすべて約定されると「売りの勢いがついた」と考えられ、売りが増え、その結果株価が下がります。

用語解説	
※見せ板	約定する気のない大口注文を出すこと。金融商品取引法で禁止されている行為だが、取り締まりが難しく、横行することがある。

【任天堂（7974）】

売り板が薄い　　　　　　　　　　　**買い板が厚い**

売数量	値段	買数量
	成行	
1,794,800	OVER	
600	5,324	
500	5,323	
800	5,322	
700	5,321	
800	5,320	
200	5,319	
100	5,318	
100	5,317	
400	5,316	
100	5,315	
	5,306	4,100
	5,305	31,400
	5,304	1,300
	5,303	1,100
	5,302	57,400
	5,301	5,800
	5,300	83,900
	5,299	1,300
	5,298	57,800
	5,297	3,600
	UNDER	1,146,400

②個人トレーダーが安心して買いを入れる

④個人トレーダーが損切りのため慌てて売りを出す

①大口投資家が大量の見せ板を出す

③株価が上がったところで見せ板を取り消す

※ここでは見せ板の説明を行うため、5305円の買い注文を見せ板と仮定して解説

出所：楽天証券

①大口投資家
空売りを有利に行うため、5305円の気配値で3万株分以上の見せ板を出す

②個人トレーダー
買い板が厚いため株価が上がると予想し、買いを入れる

③大口投資家
株価が上がったタイミングで空売りを仕掛ける。同時に、株価を下げるために見せ板を取り消す

④個人トレーダー
突然買い板が薄くなったことで株価の下落を予想し、損失が広がる前に売りを出す

寄付前にランキングを見て銘柄を選ぶ

デイトレードを始める前に、寄付前の値上り率を表すランキングを閲覧しておくことで、株価の変動が大きな銘柄を探しやすくなります。

デイトレーダーが見るべき「寄付前値上りランキング」

　各証券会社は、日々、「値上り・値下りが大きかった銘柄のランキング」「出来高の変動が大きかった銘柄のランキング」など、トレーダーが注目すべきポイントごとに多数のランキングを発表しています。なかでも、「寄付前（寄前）値上りランキング」は**デイトレードに適した銘柄を探すうえで大きな補助になります。**

　証券会社によって、名称やランクの付け方に差異があり、例えば、楽天証券が提供するアプリ「MarketSpeedⅡ」では、「前場寄前値上り率」というランキングが該当します。また、マネックス証券が提供するアプリ「マネックストレーダー」では、「気配値値上率（寄り前時間込）」が該当します。

寄付後は上下ともに株値が大きく動きやすい

　右上図は、楽天証券「前場寄前値上り率」の一部を表示したものです。ここにランクインしているAIAIグループ（6557）の値動きを見ると、**ランキングが示す通り、寄付で大きく株価が上昇しました。**その5分後には急落しましたが、その後緩やかに上昇していき、トレードのチャンスが生まれていることがわかります。

身につける！　デイトレードを始める前に、寄付前（寄前）値上りランキングに入っている銘柄をチェックし、めぼしい銘柄を見つける習慣をつける。

前場寄前値上り率

寄付前の時点で大きく値上がりすると予想される銘柄のランキング。証券会社のツールによって名前や計算方法が異なる

No	注目	コード	銘柄名	市場	貸借区分	寄前基準値	寄前気配比	寄前気配比率	T	現在値
1		9318	アジア開発キャピタル	東S	信用	2.5	+0.5	+25.00%	▼	2.0
2		6249	ゲームカード・ジョイコHD	東S	信用	2,534.0	+500.00	+24.58%	▲	2,534.0
3		8253	クレディセゾン	東P	貸借	2,112.0	+400.00	+23.36%	▼	1,785.0
4		3659	ネクソン	東P	貸借	3,725.0	+700.00	+23.14%	▼	3,070.0
5		6723	ルネサスエレクトロニクス	東P	貸借	1,699.7	+297.75	+21.24%	▲	1,608.0
6		9766	コナミグループ	東P	貸借	7,320.0	+1,000.00	+15.82%	▲	6,270.0
7		2777	カッシーナ・イクスシー	東S	信用	1,125.0	+150.00	+15.38%	▼	1,125.0
8		3987	エコモット	東G	貸借	752.5	+99.50	+15.24%	▼	594.0
9		7912	大日本印刷	東P	貸借	3,652.5	+467.50	+14.68%	▲	3,625.0
10		6430	ダイコク電機	東P	貸借	2,376.0	+301.00	+14.51%	▲	2,575.0
11		6537	WASHハウス	東G	貸借	284.5	+33.50	+13.35%	▼	273.0
12		3896	阿波製紙	東S	信用	743.5	+87.50	+13.34%		702.0
13		3182	オイシックス・ラ・大地	東P	信用	2,331.5	+231.50	+11.02%	▲	2,396.0
14		3944	古林紙工	東S	信用	2,039.5	+185.50	+10.01%	▲	1,920.0
15		6557	AIAIグループ	東S	信用	1,128.0	+100.00	+9.73%		1,049.0
16		7066	ピアス	東G	信用	680.5	+59.50	+9.58%		660.0
17		6186	一蔵	東S	信用	503.5	+43.50	+9.46%		488.0
18		4169	ENECHANGE	東G	信用	1,068.5	+88.50	+9.03%	▼	1,025.0
19		4013	勤次郎	東G	貸借	1,348.0	+107.00	+8.62%		1,215.0

出所：楽天証券

【AIAIグループ（6557）】

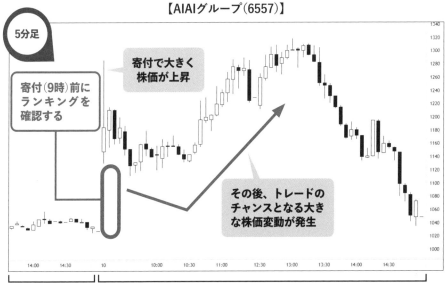

5分足

寄付で大きく株価が上昇

寄付（9時）前にランキングを確認する

その後、トレードのチャンスとなる大きな株価変動が発生

前日　　　　　当日

寄付で値上りした銘柄の
売買ポイントを探る

寄付前値上りランキングの上位銘柄は、銘柄によって寄付後の値動きが大きく変わります。そのため、MACDを使って具体的な売買ポイントを探しましょう。

ランキング上位銘柄のなかで値動きは違う

　242ページでは、寄付前の値上りランキングにランクインした銘柄をひとつ挙げ、「寄付で急上昇→直後に急落→緩やかに上昇」という値動きの流れを解説しました。しかし、**上位にランクインした銘柄すべてが同様の値動きをするわけではありません。**

　例えば、寄付で急上昇した直後、大引けまで下落が続くケースがあります。反対に、寄付で急上昇してもなお買いの勢いが止まらず、ストップ高が発生することもあります。いずれも寄付で大きく値上りする点は同じですが、その後の動きに大きな違いがあります。

MACDでトレードのタイミングを見つける

　ランキングとローソク足だけでは寄付後の値動きを予測できないため、**テクニカル指標を活用して売買のタイミングを探るとよいでしょう。**例えば、右図は243ページに掲載したAIAIグループ（6557）のチャートに、MACD（86ページ参照）を表示させたものです。

　MACD線がシグナル線を上抜けたタイミング（GC）で株価が上がり、MACD線がシグナル線を下抜けたタイミング（DC）で株価が下がっていることがわかります。このサインを利用して、GCが発生したときに買いを入れ、DCが発生したときに決済するという戦略を立てられます。

プラスα **ランキング上位銘柄を記録しておき、大引けの後に上位銘柄がどのような値動きをしていたかを検証するとより理解が深まる。**

【AIAIグループ（6557）】

MACD線がシグナル線を上抜け（GC）、株価が上昇する ➡ **⚠ 買いサイン**

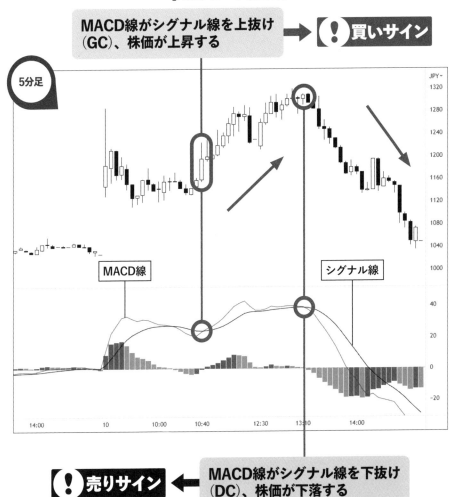

5分足

MACD線

シグナル線

⚠ 売りサイン ◀ MACD線がシグナル線を下抜け（DC）、株価が下落する

プロのアドバイス

寄付前値上りランキングに入っている銘柄を複数確認しておき、売買サインが出た銘柄でトレードしましょう

アイスバーグ注文とスナイパー注文

大口投資家が使う特殊な注文方法

　一般的に、売買スパンが短期になるほど注文板（板）から得られる情報の価値は大きくなるため、短期トレーダーは板の動向に注目します。

　特に、大口注文は株価動向への影響が強いため、希望の金額で約定できない可能性があります。こうしたとき、自動で小分けに注文を出せる「アイスバーグ注文」が大口投資家に活用されることがあります。アイスバーグ注文を出すと、5000株分を6回といった形で分割して注文が出され、大量に買い付けたいという思惑を隠すことができるのです。

楽天証券によるアイスバーグ注文の特設ページ

アイスバーグ注文とは？

アイスバーグ注文とは、1つの注文を少しずつ小分けにして発注できる機能です。
氷山の一角のように注文の一部しか他の投資家には見えないため、
板の薄い銘柄の取引や大口の注文を目立たせたくない場合に特に有効です。

スマホアプリiSPEEDにも アルゴ注文機能を搭載!!

メリット

- ✔ 自分の注文を見た他の投資家に先回りされる可能性が減る
- ✔ 自動で分割発注できるので、自分で発注する手間が省ける
- ✔ 分割発注しても1つの注文として手数料をまとめられる

出所：楽天証券(https://marketspeed.jp/ms2/function/algo/iceberg.html)

　ほかにも、注文を気づかれづらくする「スナイパー注文」という方法があります。これは楽天証券が独自に提供している機能で、例えば「最も安い売り注文（最良気配）が490円以下になったタイミングで買い注文を発注する」というシステムです。希望の価格（または、さらに有利な価格）が最良気配になるまでは注文が出ないため、注文板にも表示されず、ほかのトレーダーからは気づかれることがありません。

※アイスバーグ注文、スナイパー注文、ともに個人投資家・個人トレーダーでも使用可能

心を揺らさないための投資メンタルの持ち方

投資に必要なのは、心を揺らさず、ルール通り売買を実行すること。短期売買では気持ちが揺れがちです。そのための対処法を知っておきましょう。

冷静にトレードし続けるためのメンタル習慣

- ●損切り、利益確定の額を設定する
  - ➡10％下落したら売る、20％上昇したら売る
  - ➡損切りは「必要経費」と捉える　など
- ●明確な理由がある場合に買う・売る
  - ➡「チャートパターンが買いを示している」「値上りの材料がある」など明確な理由をもつ
  - ➡「なんとなく」という理由では絶対に取引しない　など
- ●生活の一部としてトレードする
  - ➡トレードを生活の中心に置かない
  - ➡トレードのことを考えない時間を十分につくる　など
- ●1回1回の結果ではなく全体を通して勝ち負けを考える
  - ➡年間や1カ月を通しての勝率、通算の損益で考える
- ●損失が出ても生活に支障が出ない金額を投資に充てる
  - ➡焦りや取り返そうとする気持ちがルールを破る原因になる
- ●自分が取引したいタイミングで取引する
  - ➡プライベートに懸念がある、相場の状況がわからない際には取引しない

人は損を２倍嫌がる。損切りをためらわない

損失の悲しみは利益の喜びの２倍以上

　人は利益と損失が同じ大きさだった場合に、損失のほうにより強い感情をもちます。**行動経済学のプロスペクト理論では、損失の悲しみは利益の喜びの２倍以上といわれています。**とにかく儲けたいより、損を避けたい気持ちのほうが強いのです。

　これは、多くの人がうなずくことではないでしょうか。手に入ったときの喜びはそうでもないのに、いざ失ってしまうととても悲しく感じてしまう。いざ投資を始めて、最初の取引で損失を出してしまい、嫌になってやめてしまうという人は少なくありません。

　そのため、多くの人が損切りを嫌がります。買った価格より値下がりした状態（含み損）にあっても、売らなければ今後値上がりするかもしれません。そんな**淡い期待をもって損を確定させられないのです。そうこうしている間にさらに値下がりする**という悪循環に……。

短期投資（売買）において損切りの重要性は高い

　特に短期投資においては、中長期投資より取引の回数をこなさなくてはなりません。そのためには資金が必要となりますが、その際に**損切りをためらうと次の投資を行うことができません。**しかし、損失の精神的苦痛を避けようとするがあまり、売りのタイミングを逃し、いわゆる「塩漬け株」が発生してしまいます。

　１回１回の取引の勝ち負けにこだわっていると、売買のタイミングで迷いが生じるなどして、よい結果が得られません。**１回の負けを「勝ち負け全体のなかでのひとつの負け」と捉える**ことができれば、冷静に投資を続けられます。

まずルールを決めて そのルールを守り続ける

全勝は不可能と認識する

そもそも、**すべての投資で100%勝ち続けることは不可能です**。どんな著名な投資家も、投資のプロである機関投資家やファンドマネージャーも、全勝することは不可能です。それでも彼らが利益を出しているのは、取引全体でプラスにしているからです。

投資の世界には「損小利大」という言葉があり、求められるのは、いかに損失を少なくして、利益を大きくするかです。

しかし、損切りができずに損失額を拡大させてしまい、一方で少し値が上がるとそこから下がるのが怖くて売ってしまう人は少なくありません。**いったん含み益が出た後に下がると損をした気持ちになるので、「損をしないため」に我慢できず売ってしまうわけです。**

売り買いする基準＝ルールを決める

それを防ぐために最も大事なことは、「ルールを守る」ということです。少々極論じみた言い方になりますが、**重要なのは「ルールの内容」ではなく、「決めたルールを守る」ことです**。例えば、「10%値下がりすれば売って損切り」「20%値上がりすれば売って利益確定」などと決めることです。

そのほかにも、本書のなかで紹介したチャートの見方を用いて、このチャートの状況になったら買う、このチャートの状況になったら売ると決めるのもよいでしょう。

大切なお金を使って投資するわけですから、どうしてもメンタルをコントロールするのは難しい。であれば、**自身でメンタルをコントロールしなくてよい環境をつくってしまうわけです。**

精神的に負担を感じる 金額で投資しない

損切りを乗り越えられなければ投資はうまくならない

　取引する回数が増えると、メンタルはより重要になっていきます。負け
を引きずって、焦って取り返そうと普段はやらないような強引な買い方、
売り方をしていては、投資は続けられません。**短期売買の成否を握るのは、
テクニック半分、メンタル半分ほどのイメージでいるとよいでしょう。**

　売買のタイミングをうまく見つけられるようになっても、やはり損切り
が続いてしまうことはあります。そこを精神的に乗り切れるかが、利益を
上げるためのポイントとなります。勝ちであれ、損であれ、その結果を次
に活かすことを繰り返していくうちに、株式取引がうまくなるわけで、回
数を重ねることなく、うまくなる＝利益を上げることはできません。

ルールを守れないのは投資額が多すぎるから

　そのために、先述したようにルール通りに取引を実行していくことが重
要です。一方で、「ルール通りにやれたら苦労しない」という声も聞こえ
てきますが、その最大の理由は、**気持ちが揺れ動くような金額を投資して
いるから**です。

　「明日までに３万円勝たないとローンの支払いができない」といった場合、
仮に「10％値下がりしたら損切り」と決めていても、売れなくなります。
「ローンの支払いができず、カードが止まるかも……」といったことが頭
をよぎれば、売ろうとしてマウスを操作する手にも力が入るというもので
す。自分で決めたルールですから、そのルールを守るか、破るかは自分次第。
焦りがあればルールは破られ、損失を重ねてしまうことになります。**大き
く稼ぎたくても、無理のない金額でやることが鉄則**です。無理して大金を
つぎ込めば、結果大きな損失を出してしまうことになります。

メンタルは鍛えられない。考え方を変える

平気で損切りできる〝強靭なメンタル〟は存在しない

　率直にいって、**メンタルを鍛えることはできません**。いくら投資の経験を重ねても、平気で損切りできる〝強靭なメンタル〟はつくり上げられません。この点は大前提としてもっておいてほしい認識です。

　では、メンタルを鍛えられないのであれば、どうするのか。その答えは、**「考え方を変える」**よりほかありません。例えば、週に１回売買するとすれば、月４回勝負があります。そのうち１回負けても、あと１回負けられる。残り２回で勝てば五分五分だ、という具合に「１回勝負」から考え方を変えるのです。そう考えれば、**損切りは「単なる損」ではなく「投資の糧」**になります。失敗を活かして、次につなげるのです。

　投資においては「市場から退場しないこと」が第一に優先されます。つまり、資金がなくなって株式投資をやめざるを得なくなる状態を避けること。ラッキーパンチで１回勝っても、次に負けが続けば退場を余儀なくされます。そうならないために**「次につながるトレードを続ける」**ことが重要になります。トレードのPDCAを回し続けるのです。

損切りを「必要経費」と捉える

　仕事や勉強に日々勤しむ皆さんは、計画して、実行して、結果を見直し、それを踏まえて実行する、という流れで上達したり、結果を残したりできるようになっていることと思います。

　トレードにおいても同様です。一か八かのヤマカンで買い続けても、そのときの運次第で、全体を通して結果を残すことはできません。**損切りはあくまでPDCAの過程のひとつです。損切りという言葉ではなく、「必要経費」という言葉に置き換えてみる**のもいいでしょう。

「タラレバ」は後悔ではなく検証のために考える

損失が出た後の感情の対処を知る

ここまで述べてきたように、投資で成功するためには、いかに感情を排して自分で決めたルール通りにトレードを行うか。この点に尽きます。

ただ一方で、投資はメンタルとの戦いでもあります。現実問題として大事なお金をかけるわけですから、感情は動きます。先述したように、損失は利益の2倍以上の感情が動きます。1万円を稼ぐのが容易な高収入のビジネスパーソンでも、1万円損をすれば嫌な気持ちになるのです。なかには100円、1000円でも損をすれば不機嫌になる人も少なくないでしょう。**それでも投資に損失はつきものなのですから、損失が出た後の感情の対処**について知っておきましょう。

感情の動きのデータを取る

まずは「タラレバ」をやめること。「このとき買っていたら・売っていたら」と後悔しても、百害あって一利なしです。

ただし、後悔ではなく考えること自体は必要です。つまり、検証です。**漠然と後悔していては嫌な気持ちを引きずるだけですが、どういう事情があって売らなかったのか、そのときに何をもとに判断したのか、というふうに振り返れば有意義な時間になります。**結果に対しての向き合い方を変えるのです。

取引を行った日は日記を書くなどして、売買のデータを記録するのに加え、感情の動きに関するデータを取るとよいでしょう。株を買った企業の業界が不調だというニュースをテレビで観た後、株価が損切りルールに達していないのに焦って売ってしまった。そういう経験があれば、ニュースの内容を十分に吟味してから取引に臨む、と考えるのです。

勝ち負けを気にしない。つらければ休む

「休むも相場」を実践する

投資はプロの世界になると巨額が動き、かつ常に売買を続けていかなければなりません。そのため、メンタル面がしっかりと整った人でも、長期にわたって続けていくのは難しいのです。売買を続けていかなければ業務放棄ですから、「ちょっと気持ちがしんどいからしばらくやめておこうか」といったこともできないわけです。

プロの投資家に対して個人投資家が有利なのは、投資としばらく距離を置くことができるということ。投資には「休むも相場」という言葉があります。相場の先行きがよくわからないときは、次のチャンスが訪れるまで取引をせずに待つということです。さらにいえば、相場の状況に限らず、自分の気持ちがつらければいったん距離を置き、気持ちが整うまで待てばいいのです。個人投資家にのみ許されたこの手法を活かさない手はありません。取引回数が多い短期売買では、特に重要な考え方でしょう。

安心して眠れる買い方をする

生活に支障が出るような状態では、冷静な取引はできませんし、検証も正しく行えません。「明日売るべきか、まだ待つべきか」などと考えながら布団に入っては、寝つきが悪くなります。十分な睡眠が、頭を正常に動かせるために不可欠なことはいわずもがなです。

すんなり就寝するためには不安をもった状態を継続しないこと。一か八かで買えば値動きは運次第。不安な気持ちが続きます。過去の取引の検証を踏まえて、買った理由が明確であるとそうした不安を軽減できます。プロの世界でも、続けられる人はあまり勝ち負けを気にしません。もちろん勝つための最善の策はとりますが、負けても切り替えが早いのです。

索引

戸松信博（とまつ・のぶひろ）

グローバルリンクアドバイザーズ株式会社 代表取締役。1973年東京生まれ。大学時代より早期に1億円を貯める方法を考える。大手音楽会社に在籍中に中国市場の潜在性に着目し、中国株への投資を開始。それとともに、全国の個人投資家向けにインターネットを通して中国株の情報発信を続け、多くの投資家から"中国株のカリスマ"と呼ばれる。現在は日本株、中国株、米国株など投資情報の発信やファンドを運営するとともに、各メディアで積極的に投資情報を発信。フジテレビ『バイキングMORE』などテレビ、新聞・雑誌などの掲載多数。著書に『1時間でわかる株価チャートの読み方』、監修書に『株で儲ける！損切りの一番やさしい教科書』（ともに技術評論社）、『買い時・売り時がひと目でわかる 株価チャート大全』『どの銘柄をいつ買うべきかわかる ファンダメンタルズ大全』（ともに池田書店）などがある。

執筆協力	中野佑也
本文イラスト	ひらのんさ
カバーデザイン	金井久幸（TwoThree）
校正協力	聚珍社、伊東道郎
本文デザイン・DTP	竹崎真弓（ループスプロダクション）
編集・制作	金丸信丈、榎元彰信（ループスプロダクション）

積極的な投資ができる
デイトレチャート大全

監修者	戸松信博
発行者	池田士文
印刷所	萩原印刷株式会社
製本所	萩原印刷株式会社
発行所	株式会社池田書店
	〒162-0851
	東京都新宿区弁天町43番地
	電話 03-3267-6821（代）
	FAX 03-3235-6672

落丁・乱丁はお取り替えいたします。
©K.K. Ikeda Shoten 2023, Printed in Japan
ISBN 978-4-262-17483-9

[本書内容に関するお問い合わせ]
書名、該当ページを明記の上、郵送、FAX、または当社ホームページお問い合わせフォームからお送りください。なお回答にはお時間がかかる場合がございます。電話によるお問い合わせはお受けしておりません。また本書内容以外のご質問などにもお答えできませんので、あらかじめご了承ください。本書のご感想についても、当社HPフォームよりお寄せください。
[お問い合わせ・ご感想フォーム]
当社ホームページから
https://www.ikedashoten.co.jp/

24021510